W0095400

Schirner
Verlag

ISBN 978-3-8434-1071-7

Hubert Kölsch:	Umschlag: Aileen Roloff, Schirner,
Das M-Projekt	unter Verwendung von #20375923
Ein spirituelles Abenteuer	(Alena Ozerova), www.fotolia.com
© 2012 Schirner Verlag, Darmstadt	Redaktion: Barbara Rave, Schirner
	Satz: Aileen Roloff, Schirner
	Printed by: OURDASdruckt!, Celle,
	Germany

www.schirner.com

1. Auflage August 2012

Hubert Kölsch

Das M-Projekt

Ein spirituelles Abenteuer

DER HERR. »Zieh diesen Geist von seinem Urquell ab,
Und führ´ ihn, kannst du ihn erfassen,
Auf deinem Wege mit herab,
Und steh beschämt, wenn du bekennen musst:
Ein guter Mensch in seinem dunklen Drange
Ist sich des rechten Weges wohl bewusst.«

J. W. v. Goethe: Faust I, V. 324 ff.

MEPHISTOPHELES. »Bescheidne Wahrheit sprech´ ich dir.
Wenn sich der Mensch, die kleine Narrenwelt,
Gewöhnlich für ein Ganzes hält –
Ich bin ein Teil des Teils, der anfangs alles war,
Ein Teil der Finsternis, die sich das Licht gebar.«

J. W. v. Goethe: Faust I, V. 1346 ff.

INHALT

KAPITEL I

Ich liebe Fliegen, besonders auf Langstrecken. Vielleicht ist mir die folgende Geschichte auch gerade deswegen in einem Flugzeug passiert.

Seit vielen Jahren suchte ich nach dem Grund, warum das Leben so ist, wie es ist. Aber es wird Sie nicht wundern, wenn ich Ihnen sage, dass ich keine Antwort finden konnte. Bücher, Vorträge, Seminare – ich war der perfekte »Sinnsuche-Tourist«, bis mir eines Tages klar wurde, wer mir den Sinn des Lebens erklären konnte und wer wusste, warum sich etwas in meinem Leben ereignete. Dies konnte niemand außer einer ganz bestimmten Person sein – diese musste ich finden. Natürlich wurde mir schnell klar, dass dies nur ich selbst sein konnte und dass ich den Sinn und die Erklärung für mein Leben in mir selbst finden musste. Ich machte mich auf die Suche und fand vieles – aber nicht mich selbst.

Haben Sie sich schon einmal gefragt, wie oder wo man sich selbst finden könnte? Nein? Ist vielleicht auch vernünftiger, denn wenn Sie sich selbst suchen, stellen Sie sich nur eine Frage. Aber wenn Sie versuchen, diese zu beantworten, haben Sie plötzlich unendlich viele neue Fragen und doch keine Antworten. So ging es mir viele Jahre lang, bis ich die Suche schließlich aufgab. Eigentlich hatte ich etwas anderes getan, aber das war mir damals noch nicht klar. Ich beschloss nämlich einfach, mein Leben so zu leben, wie es kommen würde, und es war mir gleichgültig, was nun letztendlich der Sinn des Ganzen sein sollte. Ich wollte nur noch, dass es einigermaßen angenehm »über die Bühne ging«.

Eigentlich hörte ich auf zu suchen und ließ dadurch los. Aber zu dieser Zeit wusste ich noch nicht, dass genau dieses Loslassen der Schlüssel zur Lösung war. Jedenfalls ist mir dann das passiert, was ich Ihnen heute berichten möchte.

Es war auf einem Flug wie diesem, zwölf Stunden ostwärts, von Los Angeles nach Europa. Vielleicht ist es Zufall, dass Sie heute neben mir sitzen, und wir auch diesmal von Los Angeles zurückfliegen. Schließlich ist es die Stadt der Engel. Glauben Sie an Engel?

Nein, ich wusste nicht, dass Sie umgebucht worden sind. Eigentlich hätten wir uns gar nicht treffen sollen. Ihr Flughafen in Europa ist wegen Schneefall geschlossen, und daher mussten Sie ausweichen. Ich verstehe, dass Sie verärgert sind, aber Sie sehen auch, dass Sie es nicht ändern können. Ich wurde damals nicht auf einen anderen Flug umgebucht, aber es geschahen Dinge, die unglaublich waren, und schließlich fand ich mich sogar in einer anderen Realität wieder.

Was passiert ist? Nun, ich würde es so beschreiben: Ich erinnerte mich daran, woher ich komme und warum ich hier bin. Ob alles wahr ist, was ich Ihnen gleich erzählen werde, weiß ich nicht. Aber ich weiß, dass es für mich wahr ist und dass sich mein Leben seit diesem Erlebnis vollständig verändert hat.

Aber schnallen Sie sich an, denn auf unserer Reise kommen Turbulenzen auf Sie zu.

Eigentlich begann alles schon vor dem Flug im Hotel in Los Angeles. Es war eine dieser neutralen guten »Dienstleistungsbettenburgen«, in der ich eine Nacht verbrachte, um am nächsten Tag einen Anschlussflug zu nehmen. Ich stand morgens am Hotelfenster und blickte auf den Flughafen der Stadt der Engel. Die Sonne ging auf und schien mir glänzend und warm ins Gesicht. Woher ich kam? Nun ich hatte einige Zeit auf den Inseln von Hawaii verbracht. Waren Sie schon einmal auf Hawaii? Diese Inseln haben eine gigantische Energie und Wirkung. Dort vervielfachen sich alle Emotionen.

Ja, Sie haben recht, das ist gut, wenn man sich freut, nur ärgern sollten Sie sich dort möglichst wenig. Ich war erfüllt von einer Inspiration, die ich Ihnen nur schwer beschreiben kann. Die Zeit am Strand und im Meer, die Berge, die Wolken und das Licht, all das zusammen hatte eine harmonische Wirkung auf mich. Es war eine besondere Art von Ausgeglichenheit und innerem Frieden. Ich ruhte in mir und hatte das Gefühl, dass mich nichts aus der Ruhe bringen könnte. Für einen Menschen wie mich, der im Alltag stets unterschiedlichsten Einflüssen ausgesetzt war, ist das eine ungewöhnliche Erfahrung. Ich fühlte mich auf Hawaii wie zu Hause. Aber ich war dennoch auf dem Weg zurück. Wenn ich Ihnen das jetzt erzähle, stelle ich fest, welche interessante Bedeutung das Wort »zurück« für mich in diesem Zusammenhang hatte: Ich war auf dem Weg zurück nach Hause, nach Europa, aber ich fühlte mich auf Hawaii wie zu Hause, und schlagartig sollte es mit meinem Leben vorwärtsgehen – tatsächlich nach Hause.

Ja, das scheint auf den ersten Blick wirklich kompliziert. Haben Sie bitte noch etwas Geduld mit mir.

»Bist du bereit?« Ich stand am Fenster und blickte mich um, doch das Zimmer war leer. Ich war allein. Noch einmal hörte ich eine tiefe Stimme fragen, die jedoch sehr liebevoll klang und mir viel Vertrauen einflößte: »Bist du bereit?«

Dieses Mal war die Stimme etwas bestimmter und fordernder.

›Was wohl passieren würde, wenn ich jetzt Ja sagen würde?‹, fragte ich mich.

»Ich kann dich nicht verstehen«, hörte ich als Reaktion auf meinen Gedanken. Offensichtlich wollte die Stimme, dass ich meinen Gedanken laut aussprach. Ich zögerte, das Hotelzimmer war definitiv leer, außer mir war niemand im Zimmer. Noch einmal blickte ich aus dem Fenster auf das Rollfeld, dort sah ich Flugzeuge zur Startposition rollen. Ich verspürte Zeitdruck, weil irgendjemand auf meine Antwort zu warten schien. Unruhig ging ich umher und fragte mich, ob ich nicht vergessen hatte, etwas in meinen Koffer einzupacken. Obwohl eigentlich noch genügend

Zeit war, kam in mir plötzlich die Befürchtung auf, dass ich aus irgendeinem Grund meinen Flug versäumen könnte. Die Leere des Zimmers wurde unerträglich, und ich fühlte ich mich einsam und verlassen. Ich hatte Angst, ohne zu wissen, wovor. Ich wollte einfach nur, dass dieser Spuk aufhörte, doch der Druck, dass etwas von mir erwartet wurde, wuchs.

Haben Sie sich als Kind, wenn Sie aus einer Situation hinauswollten, auch einfach die Augen zugehalten und gehofft, dass alles vorbei wäre, wenn Sie die Hände wieder vom Gesicht nähmen? Genau so etwas habe ich gemacht, ich wollte einfach so lange aus dem Fenster starren, bis alles vorbei war. Aber irgendwie ging das nicht. Jemand wollte eine Antwort von mir. Ich spürte, ich müsste nur Ja oder Nein sagen, dann wäre der Druck vorbei. Aber was würde dann passieren?

Ich war ein Mensch, der gern die Kontrolle über sein Leben hatte und der für seine Entscheidung gern gewusst hätte, was bei einem Ja oder einem Nein geschehen würde. Daher suchte ich den Dialog mit der Stimme.

»Was passiert, wenn ich Ja sage?«, fragte ich in die Leere des Hotelzimmers.

Nichts. Nur Stille. Das Einzige, was kam, war die Klarheit darüber, dass ich aus diesem Hotelzimmer nur herauskam, wenn ich eine Antwort auf die Frage gab.

Ich startete einen neuen Versuch: »Was passiert, wenn ich Nein sage?« Die Reaktion war dieselbe – drückende, schweigende Stille. Die Zeit verging.

Und dann hörte ich die Stimme zum dritten Mal fragen: »Bist du bereit?«

Ich weiß nicht, warum ich schließlich Ja sagte. Aber nachdem ich es getan hatte, wurde die Luft sofort leicht, angenehm und frisch, als ob jemand das Fenster aufgemacht hätte. Ich konnte tief durchatmen, fühlte mich vital, freudig und vor allem sicher. Das war sehr gut so, denn zu diesem Zeitpunkt wusste ich noch nicht, dass ich mit meiner Antwort eine Reise angetreten hatte. »Herzlich willkommen«, hörte ich die Stimme auf meine Antwort erwidern, »mache dich auf den Weg zum Flughafen. Du hast viel vor.«

Natürlich verstehe ich Ihre Einwände: So etwas kann nicht sein, und es muss doch eine rationale Begründung dafür geben. Die Wahrheit ist, dass ich für das Geschehen keine Erklärung habe, aber was danach passierte, war noch viel unerklärlicher. Hollywood hätte es nicht besser erfinden können! Vielleicht war auch alles, was ich Ihnen noch erzählen werde, eine Fiktion, aber sie veränderte mein Leben und machte mich zu einem glücklichen Menschen.

Das ist wirklich eine gute Frage: Was ist ein glücklicher Mensch? Ich denke, das Problem ist, dass wir Menschen Glück mit Ereignissen oder Besitz in Verbindung bringen. Deswegen werden wir auch so leicht unglücklich, weil es schließlich immer etwas gibt, was wir nicht haben. Glück ist aber ein Gefühl, das von äußeren Faktoren unabhängig ist. Inzwischen glaube ich, dass Glück bedeutet zu wissen, warum ich hier bin und dass ich mein Leben als sinnvoll erachten kann.

Das möchten Sie auch? Wunderbar, dann ist es ja nur noch ein Schritt bis zu Ihrem Glück. Den Wunsch, glücklich zu sein, hegen Sie schon lange? Vielleicht sitzen wir deswegen heute für viele Stunden in Tausenden von Metern Höhe nebeneinander. Gern erzähle ich Ihnen, was geschah, nachdem ich der Stimme meine Antwort gegeben hatte. Aber zunächst noch eine Frage:

»Sie sind bereit? Ja? Herzlich willkommen!«

Ich verließ das Hotelzimmer, ging mit meinem Gepäck zum Aufzug und fuhr in die Lobby. Was dann geschah, war eine Ereigniskette voller Wunder. Und doch waren diese im Nachhinein betrachtet nur die Vorbereitungen für meine Reise. Bis wir landen, werden Sie verstehen, was ich genau damit meine, wenn ich zu Ihnen sage, dass ich mich erinnerte. Nur Geduld, ein Schritt nach dem anderen …

Ich ging zur Rezeption, um mein Zimmer zu bezahlen, gab die Schlüsselkarte ab und nannte meine Zimmernummer. »Vielen Dank, hatten Sie einen angenehmen Aufenthalt? Ihr Zimmer ist bereits bezahlt.« Ungläubig starrte ich die Dame hinter der Rezeption an, denn ich wusste, dass ich das Zimmer noch nicht bezahlt hatte.

»Sind Sie sicher?«

»Ja, das Zimmer wurde während Ihrer Anwesenheit für Sie bezahlt. Ein Fahrer wird Sie wie vereinbart zum Terminal fahren.«

»Welcher Fahrer?«

»Wir haben hier den Vermerk, dass ein VIP-Fahrer gewünscht ist, und dieser Service wurde bereits zusammen mit dem Zimmer bezahlt.«

Ich drehte mich um und blickte in ein Paar leuchtende Augen. Vor mir stand ein großer livrierter Mann, ein Farbiger, mit einer Ausstrahlung, wie ich sie noch nie zuvor erlebt hatte. Die goldenen Knöpfe seiner Chauffeursuniform strahlten mit seinem Lachen um die Wette. Ich empfand ein Gefühl von Sicherheit und Liebe. Es war unbegreiflich.

»Hi, ich bin Mike, Ihr Fahrer, ich bringe Sie zum Terminal.« Bevor ich etwas erwidern konnte, hatte er schon meine Koffer genommen und ging zur Hoteltür hinaus. Verdutzt hörte ich noch, wie die freundliche Dame an der Rezeption mir eine gute Reise wünschte, und ich folgte Mike. Er stand bereits am Auto und hielt mir die Wagentür auf. Erschöpft sank ich auf das bequeme Polster im Fond der Limousine und wollte meine Gedanken sortieren. Häuser, Autos und Menschen rauschten an mir vorbei, und noch bevor ich Zeit hatte, mir darüber klar zu werden, was gerade geschehen war, erreichten wir das Terminal. Etwas skeptisch blickte ich aus dem Fenster, denn Mike hatte mich nicht nach meiner Fluggesellschaft gefragt. Doch ich sah das Logo und wusste, dass ich am richtigen Terminal war. Als ich ausstieg, hatte er bereits mein Gepäck auf einen Koffertrolley geladen. Er gab mir die Hand und schenkte mir ein strahlendes Lächeln, das mich am ganzen Körper vor Freude erschaudern ließ. Bevor ich ihm Trinkgeld geben konnte, saß er bereits wieder im Auto und fuhr schnell davon.

Sie können sich bestimmt vorstellen, dass ich erst einmal durchatmen musste. Das war doch alles etwas viel auf einmal: eine Stimme, die mich fragte, ob ich bereit sei, das bezahlte Zimmer, der bestellte Fahrer. Nein, ich weiß bis heute nicht, wer das für mich organisiert hatte. Ich habe auch nicht die geringste Ahnung. Zwar wussten einige Freunde, dass ich auf Hawaii war und auch, wann ich zurückkehren sollte, aber niemand, wirklich niemand kannte den Namen des Hotels in Los Angeles, in dem ich die Nacht bis zum Anschlussflug verbringen wollte. Ich stand mit gemischten Gefühlen aus Befremden und Freude an der Eingangstür zur Schalterhalle. Aber warten Sie ab – bevor meine Reise, von der ich Ihnen eigentlich erzählen möchte, überhaupt beginnen konnte, kam es noch besser.

Ich betrat die Halle und begab mich zum Check-in. Dort war am Economy-Schalter, obwohl ich sehr zeitig vor Abflug eingetroffen war, bereits eine lange Schlange, und ich stellte mich an deren Ende. Es ging langsam voran, aber irgendwie war mir das ganz recht, denn ich versuchte immer noch, die Gedanken in meinem Kopf zu ordnen. Ich weiß nicht, wie lange ich schon in der Reihe gewartet hatte – geistig wohl etwas abwesend –, als ich unvermittelt aus der Ferne meinen Namen hörte. Ich versuchte, mich zu orientieren und herauszufinden, woher die Stimme kam, die meinen Namen rief. Schließlich sah ich eine Frau in der Uniform der Fluggesellschaft an den Wartenden vorbeilaufen. Sie rief meinen Namen. Ich machte mich bemerkbar, sie kam zu mir und bat mich, sie zu begleiten. Ich verließ mit meinem Gepäck die Warteschlange und folgte ihr. Als ich bemerkte, dass wir in Richtung Ticketschalter gingen, verspürte ich ein flaues Gefühl im Magen. Am Schalter angekommen, stellte sie mich ihrer Kollegin vor und verabschiedete sich.

»Schön, dass wir Sie so schnell gefunden haben«, sagte die Dame hinter dem Schalter.

»Ist etwas nicht in Ordnung?«, fragte ich.

»Ihr Flug ist überbucht.«

In mir brach Panik aus. Ich befürchtete, auf einen späteren Flug umgebucht zu werden. Ich hatte aber unmittelbar nach meiner geplanten Rückkehr bereits einen vollen Kalender, und diese Termine hätte ich alle verschieben müssen. Mir war auch gar nicht klar, wie das hätte funktionieren sollen, angesichts der Zeitverschiebung und der enormen Kosten für das Telefonieren. Der Schweiß lief mir den Rücken herunter, und plötzlich fühlte ich mich unglaublich erschöpft. Ich spürte erneut den Druck, den ich auch im Hotelzimmer gespürt hatte, und Angst, weil ich mich auf irgendetwas eingelassen hatte, ohne zu wissen, wohin das führen würde. Den Tränen nahe, brachte ich kein Wort heraus. Innerhalb weniger Sekunden sah ich die Stresssituationen meines Alltags wie im Zeitraffer vor mir und spürte den gesamten Druck meines Lebens auf mir lasten. Ich hatte das Gefühl, gleich zusammenzubrechen.

»Wir haben Sie deswegen in die Businessclass umgebucht, und dafür muss ich Ihnen ein neues Ticket ausstellen.«

Meine Knie zitterten. »Wie?«, stammelte ich, »werde ich nicht auf einen späteren Flug umgebucht?«

»Aber nein, wie kommen Sie denn auf diese Idee?«

Ich spürte ein ungeheures Gefühl der Erleichterung.

Können Sie sich das vorstellen? Ich gebe Ihnen recht. So etwas ist nicht so unwahrscheinlich wie die Geschichte im Hotel. Zumindest gibt es scheinbar eine logische Erklärung dafür. Scheinbar – aber warum ich? Es gab auf diesem Flug sicher noch andere Einzelreisende. Nein, ich hatte zu diesem Zeitpunkt auch keinen besonderen Kundenstatus. Außerdem war die Häufung dieser zufälligen Ereignisse schon sehr merkwürdig. Alles ereignete sich in der Stadt der Engel. Aber diese Interpretation meines Aufenthalts in Los Angeles klang zu esoterisch für den rational und logisch denkenden Menschen, der ich damals war. Als Erklärung schien mir das völlig ungenügend.

Das ist ein interessanter Einwand. Irgendetwas sollte mich wohl aufrütteln. Normalerweise geschieht das aber durch negative Ereignisse. Vielleicht ist es aber viel einfacher, und wir haben immer dann die Möglichkeit zur Entwicklung, wenn wir besonders viel Positives im Leben erfahren. Das würde uns viel Stress ersparen. Inzwischen bin ich überzeugt davon, dass es genau so ist. Zu diesem Zeitpunkt allerdings hätte ich einen solchen Gedanken rundheraus abgelehnt. Was mich aber damals natürlich sehr verunsicherte, war, dass es in meiner Realität Ereignisse gab, die ich einerseits nicht abstreiten, aber andererseits auch nicht logisch erklären konnte. Das geht Ihnen auch so? Bisher habe ich Ihnen nur den Anfang der Reise berichtet. Ja, ich muss Sie noch einmal um etwas Geduld bitten. Es ist mir sehr wichtig, dass Sie den Ablauf der Ereignisse genau kennen, denn nur dann können Sie entscheiden, ob auch Sie sich erinnern wollen.

Ich erhielt mein Upgrade-Ticket, begab mich zur Pass- und Sicherheitskontrolle und dann zum Gate. Obwohl ich sehr früh am Flughafen gewesen war, nicht viel Zeit in der Warteschlange verbracht hatte und mit meinem Businessclass-Ticket zügig durch alle Kontrollen gekommen war, wurde ich sehr schnell zum Boarding aufgerufen. Seit ich das Hotel verlassen hatte, war mir jedes Zeitgefühl abhandengekommen. Ich wunderte mich zwar darüber, war aber froh, nicht lange warten zu müssen. Im Flugzeug hatte ich einen Sitz am Fenster. Eigentlich muss man eher sagen, dass es sich um eine Mischung aus Sessel und Sofa handelte – herrlich bequem! Ich war erleichtert, im Flugzeug zu sein, und dachte, dass jetzt bis zur Landung wohl nichts mehr passieren würde. Aber da hatte ich mich getäuscht …

»Herzlich willkommen an Bord.« Es war die Flugbegleiterin, die mich ansprach. Ich blickte in Augen, wie ich sie vorher noch nie gesehen hatte. Diese Augen waren voller Güte, Mitgefühl und Liebe, und dieser Blick tat mir nach den vergangenen Erlebnissen gut.

»Mein Name ist Emeralda, und ich freue mich, Sie auf Ihrer Reise begleiten zu dürfen.«

»Danke Esmeralda.« Ich blickte sie erstaunt an, denn so wurde man normalerweise im Flugzeug nicht begrüßt.

»Emeralda, ohne ›s‹, bitte«, sagte sie und blickte mich weiterhin mit Augen an, die mich an die Farbe des Meeres in der Abenddämmerung erinnerten. Ich fühlte mich sicher und geborgen.

»Sorry, Emeralda«, aber sie war bereits aus meinem Blickfeld entschwunden.

Das Flugzeug rollte an, und die üblichen Sicherheitsanweisungen und organisatorischen Ansagen nahm ich nur durch einen Schleier aus Müdigkeit wahr. Ich spürte, wie das Flugzeug beschleunigte, immer schneller wurde und dann abhob. Ich sank in einen Halbschlaf und war froh, dass es nach Hause ging. Ich wollte unbedingt nach Hause. Nur hatte ich zu diesem Zeitpunkt noch nicht die geringste Ahnung, was es für mich bedeuten würde, nach Hause zu kommen.

Warum ich Ihnen das alles erzähle? Dafür gibt es nur einen Grund: weil es Sie interessiert. Woher ich das weiß? Nun, Sie haben mir erzählt, wie froh Sie seien, dass Sie endlich im Flugzeug sind, weil so viele Hindernisse auf Ihrem Weg lagen. Sie haben sich neben mich gesetzt und mir gesagt, dass Sie sehr froh darüber seien, endlich nach Hause zu kommen. Erinnern Sie sich? Sie haben unsere Begegnung mit diese Worten erschaffen, weil Sie ein großes Bedürfnis nach Klarheit und Orientierung verspüren. Sie wollen nach Hause! Die Geschichte spricht Sie an, Sie hören aufmerksam zu und stellen Fragen. Es ist auch Ihre Geschichte über den Weg nach Hause.

Inzwischen hatte das Flugzeug seine Reiseflughöhe erreicht. Es gab köstliches Essen, und endlich war für mich der Zeitpunkt gekommen, mich zu entspannen und diesen wunderbaren Flug in der Businessclass zu genießen. Ich war noch nie vorher in der Businessclass geflogen und freute mich wirklich wie ein kleines Kind. Merkwürdigerweise hatte ich Emeralda seit der Begrüßung nicht mehr gesehen, obwohl ich zwischenzeitlich immer wieder Ausschau nach ihr gehalten hatte. Schließlich wurde das Kabinenlicht gedimmt. Wir flogen durch die Zeit. Jetzt gab es nur noch diesen Moment, in dem wir uns auf 10 000 Metern Höhe befanden. Ich schaltete meine Leselampe an.

»Ich werde da sein, wenn Sie mich brauchen.« Wie aus dem Nichts stand Emeralda vor mir, und wieder blickte ich in diese wunderbaren Augen.

»Danke.« Ich war etwas verdutzt über ihre Aussage, und doch freute ich mich darüber. Ihre Anwesenheit tat mir gut.

»Wann möchten Sie beginnen?«

»Beginnen womit?«

»Mit der Erinnerung.«

Bevor ich sie fragen konnte, was sie damit meinte, war Emeralda wieder verschwunden. Ich versuchte, mich abzulenken und in meinem Buch zu lesen, aber ich schlief wohl sehr schnell ein. Als ich wieder erwachte, wusste ich nicht, wie lange ich geschlafen hatte, denn meine Uhr war stehen geblieben. Ich war sozusagen aus der Zeit gefallen. Das Flugzeug glitt ruhig durch die Nacht, die einzelnen Lichter in der Kabine warfen nur ein spärliches Licht auf meine Umgebung.

»Bist du bereit?« Es war Emeraldas Stimme.

Wie soll ich Ihnen beschreiben, was für ein Gefühl ich verspürte? Ich war wie in einer Art Trancezustand, und dennoch war ich hellwach. Der Stress und die Unsicherheit der vergangenen Stunden waren verflogen. Ich fühlte mich sicher und geborgen. Ich war bereit, bereit für meine Erinnerung. Sehen Sie, es war genau derselbe Moment wie der, in dem wir uns jetzt gerade befinden. Wenn Sie möchten, beginnt bald auch Ihre Reise.

Ich gratuliere Ihnen und bewundere Ihren Mut. Warum? Auch auf Sie wird das eine oder andere Abenteuer warten. Aber noch haben Sie Zeit, hören Sie sich erst meine Geschichte zu Ende an.

Was für mich das Besondere am Fliegen ist? Das ist eine gute Frage. Ich genieße das Fliegen, weil wir dann Gott am nächsten sind. Nein, nicht wegen der Flughöhe, sondern weil wir uns beim Fliegen in das tiefe Gefühl der Geborgenheit, dass für alles gesorgt ist, begeben müssen. Wenn Sie darüber nachdenken, was alles passieren könnte ... wie hoch wir fliegen oder wie schwer das Flugzeug ist, das mit Kerosin angefüllt über das endlose Eis Grönlands fliegt. Was da alles passieren könnte! Es ist ein technisches Wunder, dass dieses Flugzeug auf

10 000 Metern Höhe, wo es fast keinen Sauerstoff gibt, bei einer Temperatur von minus 60 Grad mit einer Geschwindigkeit zwischen 800 und 900 Stundenkilometern fliegt. Jetzt sind Sie in einem Zustand, in dem Sie jede Kontrolle abgeben müssen. Und das Beste: Sie sind umgeben von Menschen, die sich nur darum kümmern, dass es Ihnen gut geht – vom Kapitän bis zum Kabinenpersonal. Deswegen sind wir während des Fliegens so nah bei Gott. Wir können uns in ein Gefühl völliger Geborgenheit begeben und vertrauen.

Die Reise beginnt. Es ist dämmrig und ruhig im Flugzeug. Wir gleiten still durch die Zeit. Es gibt nur noch diesen Moment.

Sind Sie bereit?

Ich stand vor einem großen goldenen Tor. Als ich die Hand in seine Richtung ausstreckte, öffnete es sich von selbst, und ich betrat einen wunderschönen Garten. Er war wirklich so, wie man sich einen Zaubergarten vorstellte: überwuchernde Pflanzen und reiche Blütenpracht in den tollsten Farben. Besonders berührte mich der unbeschreibliche Duft, der von all den Pflanzen ausging. Ich ging langsam in den Garten hinein, bis ich zu einer Bank kam. Als ich mich setzen wollte, hörte ich plötzlich hinter mir eine Stimme: »Schön, dass du gekommen bist.«

Ich drehte mich um und sah Emeralda vor mir stehen. Aber es war nicht mehr die Emeralda, die ich im Flugzeug kennengelernt hatte. Sie trug ein wunderschönes langes tiefgrünes Kleid, in dem der Wind spielte und das ihre weiblichen Formen betonte. Das Haar fiel offen auf ihre Schultern herunter und war mit Blumen geschmückt. Ich fühlte mich unsicher und wusste nicht, wie ich mich verhalten sollte. Als sie meine Gefühle bemerkte, kam sie auf mich zu und ergriff meine Hände.

»Ich habe dir versprochen, dass ich da sein werde.«

19

»Wer bist du?«

Sie lächelte mich an, und ihre Augen strahlten wieder diese ungeheure Liebe aus. »Ich bin dein Wunsch. Du hast mich erschaffen.«

»Wann und warum habe ich dich erschaffen?«

»Als du dich in deinem tiefsten Inneren bereit erklärt hast, diese Reise zu deiner Erinnerung anzutreten, wurdest du gefragt, wer dich begleiten soll. Ich bin bei dir, um dich bei deiner Heilung zu unterstützen.«

Ich schwieg und dachte lange nach. Geduldig wartete sie und hielt weiter meine Hände umfasst.

»Du bist das Traumbild meiner Wünsche?«, fragte ich verunsichert.

»Nein, ganz im Gegenteil, ich bin sehr real. Ich bin die Begleitung, die du dir gewünscht hast. Deswegen tauche ich immer dort auf, wo du bist. Ich muss mich nur stets an das Ambiente anpassen. Deswegen war ich vorhin eine Flugbegleiterin«, sagte sie lächelnd.

»Dein Name, ist der auch von mir?«

»Nein, das ist mein Name. Er bedeutet Heilung. Für mehr Informationen ist es jetzt noch zu früh. Es ist Zeit, die erste Etappe deiner Fahrt anzutreten.«

»Wirst du während der gesamten Reise bei mir sein?«

»Nein, ich werde nur da sein, wenn du mich brauchst.«

Sanft drückte sie mich auf die Bank und bat mich, die Augen zu schließen. Ich atmete tief ein und aus, fühlte mich schwerer, und plötzlich zog mich eine unwiderstehliche Kraft nach unten, als ob Bleigewichte an meinen Füßen befestigt worden wären.

Ich befand ich mich unter Wasser auf einem glitschigen und wackeligen Untergrund. Das Wasser schmeckte salzig. Merkwürdigerweise konnte ich unter Wasser atmen, und ich spürte, dass ich immer tiefer ins Meer hinuntersank.

Plötzlich hörte ich eine Stimme: »Ich bin Kamaole, der Wal.« Ein Wal! Ich saß tatsächlich auf einem Wal und tauchte weiter in die Tiefe des Meeres hinab. Zunächst war ich erschrocken, aber nicht ängstlich, weil ich mich gleichzeitig sicher und geborgen fühlte. Obwohl es wider alle Gesetzmäßigkeiten war, empfand ich das Geschehen als völlig normal.

»Du bist außerhalb der Zeit«, sagte Kamaole. »Deswegen geschehen hier Dinge, die eigentlich nicht möglich wären. Wir, die Wale, sind seit dem allerersten Tag die Hüter des Wissens. Ich bringe dich jetzt an einen ruhigen Ort, und dann habe ich die Ehre, dir etwas über die Entstehung der Welt zu erzählen.«

Wir schwammen noch einige Zeit, ohne dass ich wusste, wie lange. Langsam begriff ich, dass es in der Dimension, in der ich mich befand, keine Zeit, sondern nur den Moment gab. Schließlich tauchte der Wal noch einmal schnell und tief nach unten, und wir erreichten eine riesige Höhle. Sie hatte eine Kuppel, war farbenprächtig und voller Skulpturen und Muster, die von der Strömung des Meeres erschaffen worden waren. In der Mitte der riesigen Halle war ein Bett aus Korallen, auf das ich mich legen sollte. Langsam sank Kamaole neben mir auf den Boden, sodass ich ihm direkt in die Augen sehen konnte.

»Wale und Delfine sehen mit dem Herzen«, begann Kamaole unser Gespräch. »Du möchtest dich erinnern. Als wir dich gefragt haben, woran du dich erinnern möchtest, hast du dir Antworten auf zwei Fragen gewünscht: Warum ist die Welt so, wie sie ist? Wie kann ich meine Aufgabe in der Welt erfüllen? Deswegen bist du hier.«

Das Korallenbett war bequem, und es strahlte Wärme aus. Gleichzeitig spürte ich von Kamaole eine große Liebe und Kraft ausgehen, die mich beschützte. Erwartungsvoll blickte ich ihn an, ich war gespannt, wie er mir wohl diese Geheimnisse enthüllen wollte. Dann vernahm ich wieder seine Stimme: »Bevor die Welt und alle Galaxien und Universen zu existieren begannen, gab es nur Gott. Gott ist kein alter Mann mit langem grauem Bart, sondern die Gesamtheit aller Energien, die existieren. Du musst dir Gott wie einen unendlichen Ball aus Energie und Farbe vorstellen, denn Gott ist alles, was jemals existiert hat und sein wird. Alle Tiere, Menschen, Pflanzen und Mutter Erde, aber auch alle Engel, Feen und anderen Lebewesen sind Teile dieser gesamten Energie. Vor der Existenz der Erde waren wir alle vereint mit Gott und ein Teil von Gott. Und wir sind bis heute alle – wirklich alle – ein Teil Gottes. Auch wenn wir uns gegenwärtig auf der Erde befinden, um unsere Aufgaben zu erfüllen. Gefühle und Handlungen sind Teile Gottes, und damit ist Gott ein Teil von dir. Wenn du jemanden liebst, liebst du dadurch dich, wenn du jemanden hasst, richtest du den Hass gegen dich selbst.«

Kamaoles Worte tönten in mir wie Harfenklänge, und gleichzeitig war es, als spürte ich die Schwingung der Saiten. Mein Körper begann zu vibrieren, und es fühlte sich an, als ob ich wachsen würde. Äußerlich stellte ich jedoch nichts Sonderbares an meinem Körper fest. Aber in meinem Inneren fühlte es sich an, als wären tausend Saiten in Bewegung versetzt worden, die in vollendeter Harmonie klangen. Jetzt fuhr Kamaole fort.

»Dann beschloss Gott zu wachsen. Doch Gott kann nur wachsen, wenn alle Teile Gottes einverstanden sind, dies mit ihm zu wagen. Wir alle fragten uns, ob wir bereit wären, gemeinsam zu wachsen.«

»Warum wollte Gott wachsen, wenn er doch schon unendlich ist?«, fragte ich etwas skeptisch.

»Weil es nicht um Unendlichkeit geht. Das ist ein Konstrukt der Menschen, um sich Gott, die Schöpfung und die Weite des Universums zu erklären.«

»Worum geht es dann? Wie kann Gott mehr haben wollen, wenn er doch schon alles hat?«

»Ja, jetzt kommen wir zum wichtigsten Teil meiner Geschichte.« In diesem Moment spürte ich von Kamaole einen riesigen Schwall Liebe ausgehen.

»Was ist denn Gott?«, fragte er.

»Wahrscheinlich bin ich wegen genau dieser Frage hier.«

»Das stimmt«, Kamaole schien zu grinsen. »Gott ist Liebe, nichts als bedingungslose Liebe. Wir alle beschlossen damals, an dem einzigartigen Experiment Gottes, die Liebe wachsen zu lassen, teilzunehmen. Deswegen wurde ein Planet namens Erde erschaffen. Auf diesem sollte das Projekt durchgeführt werden. Der Planet wurde in der Galaxie gut versteckt, damit er sich frei von allen Einflüssen entwickeln kann. Das ist auch der Grund, warum die Menschen seit so langer Zeit glauben, dass die Erde der einzige Planet seiner Art sei, denn sie ist vor den meisten anderen Dimensionen und Kulturen, die es sonst noch gibt, gut verborgen.«

Kamaole ließ mir Zeit nachzudenken. Er spürte, dass ich Ruhe brauchte, um dieses neue Wissen zu verarbeiten. In mir stiegen die unterschiedlichsten Gefühle auf. Ich fand das unglaublich, unwirklich und viel zu einfach. Andererseits fühlte ich tief in meinem Herzen, dass es richtig war, und ich erlangte plötzlich die Gewissheit, dass mein Leben einen Sinn hatte.

»Nehmen wir an, es stimmt, was du mir erzählt hast«, begann ich vorsichtig, »wie funktioniert das Projekt dann genau?«

»Um die Liebe zu vergrößern, musste eine Spannung erzeugt werden. Diese nennt ihr auf der Erde Dualität. Aus diesem Grund gibt es Gut und Böse, Arm und Reich, Hell und Dunkel. Das Spektrum der Liebe lässt sich nämlich nur vergrößern, wenn es ein Gegenteil dazu gibt.«

»Und wie wurde diese Dualität erschaffen?«

»Alle, die sich am Experiment beteiligen wollten, übernahmen Rollen wie in einem Theaterstück. Es gibt auf der Welt keine guten oder bösen Menschen, sondern nur Menschen, die diese oder jene Funktion im Rahmen des Projektes übernommen haben.«

»So einfach ist das?«, fragte ich ungläubig.

»Nicht ganz. Das System funktioniert nicht ohne Druck. Es wurden zunächst so viele negative Energien freigesetzt, dass die Gefahr bestand, das Experiment könnte scheitern. Wenn nicht rechtzeitig genügend Licht und Liebe auf die Erde kommen, wird sie zerstört.«

»Gott wäre gescheitert.«

»Nein, die Liebe im Universum wäre einfach nur nicht größer geworden. Gott kann nicht scheitern. Deswegen kann auch niemand von euch Menschen scheitern – weil ihr alle ein Teil Gottes seid.«

»Wie sind denn unsere Prognosen, werden wir es schaffen?« Jetzt fühlte ich das erste Mal Beklemmung und Sorge. Mein Herz zog sich zusammen, und in mir begann Angst aufzusteigen.

Sofort spürte Kamaole neben mir diese Gefühle. Ich sah, wie er scheinbar einen riesigen Atemzug nahm und sich aufblähte. Er wurde immer größer. Dann erzitterten die Höhle und mein Korallenbett wie bei einem Erdbeben. Ich sah, wie Kamaole eine riesige Fontäne Wasser ausspie. Die Kuppel der Höhle öffnete sich wie von Wunderhand, sodass diese enorme Druckwelle entweichen konnte. In diesem Moment spürte ich, dass sich mein Herz befreite: Eine Kette, die um mein Herz gelegen hatte, zersprang in Tausende von Einzelteilen.

Dann herrschten Ruhe, Stille, Leichtigkeit, Frieden. Schließlich schloss sich das Kuppeldach der Höhle über mir wieder. Das erste

Mal in meinem Leben fühlte ich mich frei. Kamaole strahlte Liebe aus, und ich wollte, dass dieser Moment nie verging.

»Du hast bereits viel geschafft. Es ist mir nicht erlaubt, dir mehr zu erzählen. Ich darf dir nur diesen Teil meiner Geschichte berichten. Aber du wirst zwei wichtige und wundervolle Wesen treffen. Sie werden dir erklären, wie die Dualität funktioniert und wie ihr Menschen sie überwinden könnt. Nur so viel zum Schluss unserer Begegnung: Das Potenzial der Zerstörung ist gebannt. Es gibt so viel Liebe auf dem Planeten Erde, und das Licht wächst.«

Dann ging alles sehr schnell. Von unsichtbarer Hand wurde ich auf Kamaoles Rücken gehoben, und wir stiegen wieder zur Wasseroberfläche auf. Mein Herz war frei und von Dankbarkeit erfüllt. Ich spürte Kamaoles Traurigkeit darüber, dass wir uns wieder trennen mussten. Nie werde ich die Zeit auf dem Korallenbett und die liebevolle Präsenz Kamaoles vergessen.

KAPITEL II

Wissen Sie, was mich an dem ganzen Erlebnis am meisten erstaunte? Nein, nicht die Tatsache, dass ich unter Wasser atmen, sprechen und hören konnte. Dies alles halte ich in einem Traum ohne Weiteres für möglich. Das Erstaunlichste war nicht das Erlebnis an sich, sondern die Botschaft, die mir übermittelt worden war und die mein Weltbild verändert hatte: Wir alle sind ein Teil von Gott. Ob wir gut oder böse sind – was auch immer dies genau bedeutet –, wir haben uns freiwillig entschlossen, hierherzukommen. Wir sind ein Teil Gottes und der Liebe Gottes, und der Grund für unser Dasein auf der Erde ist ausschließlich der, die Liebe von uns allen und damit die Liebe Gottes zu vergrößern.

Sie haben völlig recht, ich bin mit demselben Weltbild aufgewachsen, das Sie gerade beschrieben haben: Gott ist eine große Überfigur, die liebt und straft, und je nach Religiosität oder Glaube komme ich in den Himmel oder in die Hölle. Das ist sicherlich etwas vereinfacht ausgedrückt. Aber ich habe gelernt, dass ich für die Kommunikation mit Gott einen Mittler brauche. Nur dieser hat die Erlaubnis, für mich mit Gott zu sprechen. Gemäß dem, was Kamaole mir offenbart hat, bin ich aber nicht nur ein Teil von Gottes Liebe, sondern ich habe auch noch freien Zugang zu ihm und kann jederzeit, immer, überall und ohne um Erlaubnis zu fragen, mit Gott sprechen. Ich gebe zu, zunächst war das alles für mich zu groß, und ich benötigte einige Zeit, dies zu verarbeiten. Richtig, ich habe noch gar nicht erzählt, was geschah, als ich von dem Ort im Meer zurückkam. Nachdem ich auf Kamaoles Rücken gehoben worden war, ist das Nächste, woran ich mich erinnern kann, dass ich in dem Garten wieder aufwachte.

Ja, allein. Von Emeralda gab es keine Spur. Ich kann Ihnen auch wiederum keine Zeitangaben machen. Allmählich begann ich zu begreifen, dass es an diesem Ort keine messbare Zeit in unserem Sinne gab, sondern nur »meine Zeit«. Was ich damit meine? Es war der Zeitraum, den ich brauchte, um mich zu erholen und um die Erlebnisse zu verarbeiten, bis ich innerlich zum nächsten Schritt bereit war. Es war so ähnlich wie hier in dem Flugzeug. Einfach sein! Das klingt banal, so war es aber. Ebenso wie hier im Flugzeug war in diesem Garten für alles gesorgt. Ich fand stets Essen für mich bereitstehen, ich trank Säfte, die wunderbar schmeckten. Ich erinnere mich nur an den Geschmack, weiß aber von vielen nicht, welches die zugehörigen Früchte waren. Es gab auch stets frische Kleidung und einen warmen Wasserfall zum Duschen.

Ich begann, den Garten zu erkunden, und entdeckte, dass er riesig war. Ich fand immer neue Plätze mit so unglaublicher Natur und von solcher Schönheit, dass ich es wirklich nicht beschreiben kann. Immer wenn ich von einer Entdeckung zu der Bank, an der ich Emeralda zum ersten Mal im Garten getroffen hatte, zurückkehrte oder nachdem ich geschlafen hatte, war dort plötzlich etwas vorhanden, was ich benötigte. Alles kam von selbst und immer genau dann, wenn mir der Wunsch danach in den Sinn kam. Ich erschuf mit meiner Vorstellung, was ich brauchte, und es war da.

Das ist eine lustige Idee. Daran habe ich noch gar nicht gedacht. Tatsächlich dachte ich in all der Zeit kein ein einziges Mal daran, mir ein Telefon, einen Computer, einen Fernseher oder Ähnliches zu wünschen. Es war, als ob ich vergessen hätte, dass es so etwas gibt. Der Gedanke, dass ich allein war, kam mir zwar schon, aber nur auf eine ganz merkwürdige Art und Weise. Denn irgendwann fragte ich mich, warum ich mich eben nicht allein fühlte. Das war wirklich merkwürdig. Emeralda ist ein Thema für sich, aber dazu komme ich später noch ausführlich. Zu diesem Zeitpunkt verspürte ich kein Bedürfnis nach Nähe oder Lust. Vielleicht, weil ich instinktiv wusste, dass ich genau durch meinen Wunsch hätte erschaffen können. Es ist in der Tat ein merkwürdiger Name. Gegen Ende meiner Reise begann sie, eine andere Rolle in meinem Leben zu übernehmen. Dann gab es auch Momente der Sinnlichkeit, aber das wusste ich damals natürlich alles noch nicht. Sie haben recht. Die Frage, über die ich am meisten nachdachte, war, wie dieses Projekt eigentlich funktionieren sollte. Wir sind alle Teile Gottes, und Gott möchte wachsen. Doch wie kann Gott wachsen? Als Ort für das Projekt war der Planet Erde ausgewählt worden. Doch wie funktionierte es? Versuchsaufbau – das beschreibt am besten, wonach ich suchte. Als ich mir diese Fragen stellte, traf ich – lassen Sie es mich so sagen – zwei außerordentliche Persönlichkeiten.

Ich ruhte im Schatten eines Baumes, und plötzlich hörte ich lautes Schnauben und Geräusche von wild aneinanderschlagenden Blättern. Als ich die Augen öffnete, sah ich, wie ein Drache langsam zwischen den Blätter hindurchflog und schließlich vor mir landete. Seine Schuppen glänzten und funkelten in der Sonne. Ihn umgab ein schimmerndes Licht aus den unterschiedlichsten Facetten von Rot und Blau. Er blickte mir in die Augen, und ich hörte ihn sprechen: »Steige auf, es wartet eine interessante Begegnung auf dich.«
Ich spürte, dass ich nicht laut sprechen musste, denn wir konnten durch Blicke miteinander kommunizieren.
»Wohin fliegen wir?«
»Zu den Trägern des Lichts.«
»Wer ist das?«
»Lass dich überraschen. Es warten zwei ungewöhnliche Gesprächspartner auf dich.«
Ich war gespannt, dennoch zögerte ich.
»Nur Mut, steige auf.«
»Du bist so viel größer als ich. Wie soll ich denn hinaufkommen?«

»Entscheide, dass du aufsteigen willst.«

»Sehr lustig, das soll funktionieren?«

»Entscheide dich, ja oder nein?«

»Ja!« Ich hatte den Gedankengang noch nicht vollendet, als ich mich schon auf dem Rücken des Drachen befand.

»Setze dich in meinen Nacken, dort ist eine große Schuppe, auf der du bequem sitzen kannst, und dann halte dich fest.«

»Gehts los?«

»Los gehts!«

Seine Flügel breiteten sich aus, der Körper erzitterte, und wir hoben ab. Langsam und senkrecht flogen wir zwischen den Bäumen hindurch. Als wir die Kronen und Wipfel hinter uns gelassen hatten, stieg der Drache weiter nach oben. Unter mir sah ich den Garten immer kleiner werden, und bald war er verschwunden. Wir waren umgeben von Nebel, der hin und wieder von hellem Licht durchflutet wurde.

»Warum kann ich von hier oben die Landschaft dort unten nicht sehen?«

»Wir fliegen zu den Trägern des Lichts.«

»Deswegen kann ich nichts sehen?«

»Geduld!«

Wir stiegen immer höher, und ich begann, das Gefühl der Schwerelosigkeit zu genießen. Der Körper des Drachen strahlte eine angenehme Wärme aus, ich saß bequem, schloss die Augen und tauchte in ein Gefühl aus Leichtigkeit und Frieden ein.

»Wir sind bald da«, hörte ich die Stimme des Drachen. Ich öffnete die Augen, kniff sie aber sofort wieder zusammen, weil ich mich erst an das Licht gewöhnen musste. Es war das strahlenste und schönste Licht, das ich je gesehen hatte. Dann sah ich vor mir einen Hügel mit einem sagenhaft schönen Tempel, der aus dem Nebel unter uns herausragte. Als wir nahe genug waren, flog der Drache in Ruhe erst einmal um den ganzen Tempel herum. Ich bemerkte, dass der Tempel rund war und eine riesige Kuppel hatte, die von Säulen getragen wurde. Dann setzte der Drache zu Landung an, und wir kamen direkt vor der Eingangstreppe zum Stehen.

»Willst du absteigen?«

»Ja!« Schon fand ich mich auf dem Boden neben dem Drachen wieder. »Danke für den tollen Flug.«

»Gern. Gehe die Treppen hinauf in den Tempel. Du wirst erwartet.« Dann erhob er sich mit ästhetischer Leichtigkeit und flog davon. Ich sah ihm nach, bis er verschwunden war, dann wandte ich mich der Treppe zu und stieg hinauf. Sie hatte zwölf Stufen, und während ich nach oben schritt, empfand ich unglaubliche Geborgenheit und spürte Vertrauen.

Ich betrat den Tempel. Im Inneren standen zwei strahlend schöne Engel in gleißendem, hellem Licht und breiteten einladend die Arme aus.

»Herzlich willkommen. Ich bin Erzengel Michael. Wir haben dich erwartet!«

Der andere Engel sah mich mit liebevollem Blick an und erweckte sofort Vertrauen und Sicherheit in mir, doch er schwieg.

»Setze dich zu uns«, fuhr Michael fort, »du hast sicher viele Fragen.«

Ich setzte mich zu den beiden, hatte jedoch keine Ahnung, was ich sie fragen sollte, denn ich musste mich zunächst einmal daran gewöhnen, dass ich zwei Engeln in einem Tempel gegenübersaß.

»Du hast bereits erfahren, was Dualität ist. Sie ist das einzigartige Projekt Gottes, mit dem Ziel, seine unendliche Liebe wachsen zu lassen«, sprach der zweite Engel, von dem ich den Namen nicht erfahren hatte. »Du bist hier, damit wir dir erklären können, wie Dualität funktioniert.«

»Der Versuchsaufbau«, sagte Michael mit einem Lächeln.

Wir schwiegen alle für einen Moment. Ich spürte Frieden und Sicherheit und wartete, was nun kommen würde.

Dann begann der zweite Engel zu sprechen: »Liebe kann nur wachsen, wenn wir wissen, was Liebe wirklich ist. Dies ist nur durch die Erfahrung des Gegenteils möglich. Wir können die Facetten von ›Hell‹ nur erkennen, wenn wir alle Facetten von ›Dunkel‹ betrachtet haben. Je mehr ›Dunkel‹ wir erschaffen, umso mehr Helligkeit kann entdeckt werden.«

»Es müssen möglichst viel Hass, Egoismus, Angst und ähnliche Gefühle erzeugt werden, um die Liebe vergrößern zu können?«, fragte ich, während mir ein kalter Schauer den Rücken hinunterlief.

»Wir haben uns entschieden, jedes mögliche Gegenteil von Liebe zu erschaffen«, fuhr der zweite Engel mit seiner Erklärung fort. »Dadurch kann ein hohes Maß an Liebe erzeugt werden. Du musst dir das so vorstellen: Wenn du beispielsweise einen Menschen liebst und alles Harmonie ist, ist das sehr schön, aber Entwicklung kann dabei nicht stattfinden. Nur wenn es Schwierigkeiten und Verletzungen gibt, seid ihr gezwungen, über eure negativen Gefühle hinauszuwachsen und einander zu verzeihen. So entsteht nicht nur Liebe, sondern so entsteht Wachstum von Liebe.«

Schweigen.

»Ich muss leiden, damit Liebe wachsen kann?«

Schweigen

»Du musst nicht«, sagte der Engel, dessen Namen ich immer noch nicht kannte. »Du hast dich entschieden, an dem Experiment teilzunehmen.«

Nach einer Pause begann Erzengel Michael zu sprechen: »Als wir beschlossen hatten zu wachsen, mussten wir uns überlegen, wie wir die Dualität verankern könnten. Vereinfacht gesagt war das

Ergebnis dieser Überlegungen: Es muss Menschen geben, die gut handeln und welche, die böse handeln, damit die Spannung dauerhaft gehalten werden kann.«

»Wann ist das Projekt abgeschlossen?«

»Wenn wir es geschafft haben, die Dualität aufzulösen, wenn überall Licht ist.«

»Wann wird das sein?«

»Zeit gibt es nur auf der Erde. In dem Experiment gibt es für uns keine Zeit. Wir rechnen nur in Ereignissen. Der nächste wichtige Meilenstein ist erreicht, wenn es auf der Welt keine Kriege mehr gibt.«

»Das kann ja noch dauern.«

»Noch einmal: Es gibt keine Zeit. Aber wenn du es genau wissen willst, ist die Wahrscheinlichkeit dafür, dass dies eintritt, dann am höchsten, wenn euer Kontinent namens Afrika eine blühende, friedliche Staatengemeinschaft ist – in Politik, Wirtschaft, Bildung, Kultur, Gesundheit und jenseits aller Rassengrenzen.«

»Das werden wir Menschen schaffen?«, fragte ich völlig ungläubig.

»Ja«, antworteten beide Engel gleichzeitig.

»Doch noch einmal zurück zu deinem Lebensplan«, sagte der zweite Engel. »Du kommst als Mensch auf die Erde, weil du dir vorgenommen hast, bestimmte Erfahrungen zu machen. Das dient deiner persönlichen Entwicklung, und dadurch erhöhst du die Energie des Ganzen. Jeder, der am Projekt teilnimmt, arbeitet an seinem eigenen Wachstum und trägt damit aber auch zum Gelingen insgesamt bei.«

»Doch jetzt beginnt das Problem«, ergänzte Erzengel Michael. »Damit du diese Lernerfahrungen machen kannst, brauchst du jemanden, der dich so sehr liebt, dass er oder sie bereit ist, für dich auf der Erde – nennen wir es einmal so – als ›Bösewicht‹ in deinem Leben zu fungieren.«

»Die Menschen, die mir auf der Erde das Leben am schwersten machen, sind diejenigen, die mich am meisten lieben?«, fragte ich ungläubig.

»Ja, genau so ist es. Natürlich gibt es auch noch die Menschen, die dich durch ihre Liebe auf der Erde unterstützen. Das ist die Dualität.«

Schweigen.

»Das hat zur Konsequenz«, entgegnete ich, »dass ich für alles, was mir geschieht, selbst verantwortlich bin und nicht mehr die Schuld dafür auf andere schieben kann.«

»Ich weiß«, sagte der zweite Engel. »Die Menschen hören das nicht gern. Aber Dramen und Opferhaltungen sind kontraproduktiv. Wenn du das Konzept einmal verinnerlicht hast, erfährst du auch viele Vorteile davon. Denn du bist für alles verantwortlich, also kannst du auch alles in deinem Leben verändern. Du triffst die Entscheidungen – im Großen wie im Kleinen. Wenn genügend Menschen ihre Verantwortung dafür übernehmen, dass es auf der Welt keinen Hunger oder keine Kriege mehr gibt, wird langsam eine Veränderung eintreten.«

»Das sind klare Worte«, erwiderte ich. »Ich verstehe sie, nur sind sie schwierig umzusetzen.«

»Du bist auf dem richtigen Weg. Du hast diese Reise angetreten, um dich wieder an diese Zusammenhänge zu erinnern. Denn jetzt kannst du dieses Wissen nutzen und dein Leben von Grund auf ändern.«

»Nun habe ich noch eine ganz andere Frage: Erzengel Michael hat sich mir vorgestellt, aber wer bist du?«, fragte ich den zweiten Engel.

»Das ist im Moment noch nicht so wichtig«, warf Michael ein, »zuerst müssen wir dir erklären, welche Funktionen wir beide in der Dualität haben.«

»Lass mich beginnen«, sagte der zweite Engel, »Gott ist reine, bedingungslose Liebe. Damit die Dualität bestehen kann, muss eine enorme Spannung herrschen. Gott braucht dafür Engel, die so stark und voller Liebe für die Menschen sind, dass sie jegliches Elend aushalten können. Verstehst du das?«

»Nicht so ganz, wenn ich ehrlich bin.«

»Das ist, wie wenn du eine Schnur spannst«, fuhr er fort, »es darf nicht zu viel Spannung herrschen, weil die Schnur sonst reißt. Auf der einen Seite muss es genau so viel Dunkelheit geben, wie es auf der anderen Seite Liebe gibt.«

Erzengel Michael sah mir tief in die Augen, und ich spürte seine Liebe und Kraft und fragte mich, wie bei so viel Liebe das Böse entstehen konnte.

»Gott brauchte für sein Experiment seine beiden mächtigsten Engel, die auf jeder Seite der Dualität die Spannung erhalten. Diese beiden Engel sind wir. Unsere Liebe zu den Menschen ist so groß, dass wir bereit sind, mit euch durch alles hindurchzugehen.«

Plötzlich fühlte ich mich müde, meine Augenlider wurden schwer, und ich sank auf meinem Stuhl zusammen. Ich fiel in einen tranceartigen Zustand, denn ich war bei völligem Bewusstsein und bekam alles mit, was sich in meiner Umgebung abspielte. Aber ich konnte mich nicht mehr selbst bewegen und auch nicht sprechen.

Sanft hoben mich die beiden Engel auf ihre Arme und trugen mich aus dem Tempel. Ich spürte eine so tiefe Geborgenheit und Liebe, dass mir das, was ich erfahren hatte, fast unglaublich vorkam. Die beiden waren wahrhaftig großartige Engel. Ich wollte noch einmal nachfragen, wie der zweite Engel hieß, aber ich konnte es nicht. Sie brachten mich hinaus, und auf der Wiese vor dem Tempel wartete bereits der Drache auf mich. Mit großer

Sorgfalt und Umsicht betteten mich die beiden auf ihn. Dann erhob sich der Drache langsam in die Luft. Er flog sanft und geschmeidig und war sich völlig bewusst, dass er sehr gut auf mich aufpassen musste. Während wir flogen, bemerkte ich, dass die beiden Erzengel uns begleiteten. Erzengel Michael war auf der linken Seite, der andere Engel auf der rechten. Dann wurde mir schwarz vor Augen, und ich verlor das Bewusstsein.

Als ich wieder zu mir kam, befand ich mich unter demselben Baum im Garten, an dem mich der Drache abgeholt hatte. Nachdem ich langsam die Augen geöffnet hatte, sah ich, dass die beiden Engel immer noch bei mir waren und liebevoll über mich wachten. Ich hatte nicht geträumt, sondern alles wirklich erlebt, denn sonst hätten die beiden Engel nicht neben mir gestanden.

»Danke«, sagte ich zu den beiden.

»Gern. Du wirst unendlich geliebt. Jetzt, da wir dich in Sicherheit wissen, verlassen wir dich. Wisse: Es ist immer für alles gesorgt, und alles ist möglich. Es ist nur deine Entscheidung. Du hast noch eine lange Reise vor dir. Danke für deinen Mut, diesen Weg der Erinnerung zu gehen.«

Als Erzengel Michael geendet hatte, verbeugten sich beide vor mir. Dann standen sie plötzlich inmitten einer goldenen Lichtkugel, die sich immer weiter ausdehnte und schließlich die gesamte Umgebung ausfüllte. Dieses Licht entfachte in mir eine unglaubliche Liebe und ein Gefühl der Geborgenheit. Ich genoss diese Empfindungen und wünschte mir, dass sie nie aufhören würden. Doch langsam ließ die Intensität nach, und ich konnte meine Umgebung wieder erkennen. Ich blickte mich um und sah, dass die beiden Engel verschwunden waren.

KAPITEL III

ch habe keine Beweise für die Erlebnisse. Wozu? Damit Sie mir glauben? Ich erzähle Ihnen diese Geschichte nicht, um Sie von irgendetwas zu überzeugen. Ich mache Ihnen sozusagen ein Angebot, und Sie entscheiden, was Sie davon möchten. Die Zeit von Doktrinen und Vorgaben darüber, was als Wahrheit angesehen werden muss, ist vorbei. Darunter haben wir auf dieser Welt lange genug gelitten. Jetzt beginnt das Zeitalter der Freiheit, und das bedeutet, Entscheidungen zu treffen und Verantwortung zu übernehmen. Wenn Sie aus dem Flugzeug aussteigen, ist es Ihre Entscheidung, was Sie von meiner Erzählung halten. Mit mir persönlich hat das gar nichts zu tun. Inzwischen weiß ich auch den Namen des zweiten Engels. Wie ich den erfuhr, ist eine ganz merkwürdige Geschichte. Nachdem mich der Drache in den Garten zurückgebracht hatte, übertrugen mir die Engel, während sie über mich wachten, noch weiteres Wissen. Sie können sich dies wie einen Download vorstellen. Ich kann verstehen, dass sie das nicht glauben können.

Wissen Sie, warum eine Suchmaschine bestimmte Treffer auf Ihre Suchanfrage anzeigt? Genau, Sie sehen nur das Ergebnis und erhalten die gewünschten Informationen. Wie das im Einzelnen zustande kommt, ist Ihnen nicht bekannt. So können Sie sich diese Wissensübertragung vorstellen. Ich weiß nicht, welchen »Algorithmus« die Engel verwendeten, aber er funktionierte. Die Engel luden das Wissen einfach auf mich herunter, denn später wusste ich bestimmte Dinge, die mir vorher nicht klar gewesen waren. Und quasi als Beweis, weil ich das Ganze sonst wahrscheinlich ebenso wenig geglaubt hätte wie Sie, übermittelten sie mir auf diese Weise auch den Namen des zweiten Engels.

Überlegen Sie es sich gut. Wollen Sie den Namen wirklich wissen? Wenn ich Ihnen diesen Namen nenne, werden Sie sehr überrascht sein, und es wird vermutlich eine größere Konfrontation zu Ihrer Weltanschauung darstellen, als alles andere, was ich Ihnen bisher berichtet habe. Sind Sie bereit? Luzifer.

Wenn mich Menschen – so wie Sie auch – bitten, meine Geschichte über den Weg der Erinnerung zu erzählen, ist dieser Teil für mich stets der spannendste Moment. Ich genieße das lange Schweigen, das daraufhin immer folgt. Dies ist der Moment, in dem alle Überzeugungen auf den Prüfstand gestellt werden. Es ist, wie auf einer Speerspitze zu sitzen. Am liebsten möchte man ganz schnell weg. Aber bedenken Sie: Es war Ihre Entscheidung. Sie wollten es wissen. Sie wollten sich erinnern. Als ich diesen Namen das erste Mal in meinen Gedanken entdeckte und mir bewusst wurde, dass ich mich nicht nur mit Erzengel Michael, sondern auch mit Luzifer – nein, sogar noch besser mit Erzengel Luzifer – unterhalten hatte, bekam ich ein schlechtes Gewissen. Das würde Ihnen auch so gehen? Interessant. Ich habe mich schuldig gefühlt, weil ich mit dem Bösen, mit dem Teufel gesprochen habe. Die Überzeugung, dass Luzifer mit dem Teufel gleichzusetzen sei, ist uns tief eingebrannt. Aber die gute Nachricht ist, dass es gar keinen Teufel gibt. Das Böse ist nur ein Konstrukt, das die Dualität gewährleistet.
Ich weiß, es ist einfach unglaublich! Während ich das Gespräch mit Michael und Luzifer geführt hatte, war es mir wunderbar gegangen. Noch nie in meinem Leben hatte ich mich so geliebt und beschützt gefühlt. Diesen Moment hätte ich am liebsten für immer festgehalten.
So, und jetzt stelle ich die spirituelle Gretchenfrage: Wie groß müssen die Liebe und die Kraft Luzifers sein, wenn er bereit und dazu befähigt ist, seine Aufgabe zu erfüllen? Bedenken Sie: Wir alle sind ein Teil Gottes, und Gott hat beschlossen, in seiner Liebe zu wachsen. Die Kraft und die Macht Luzifers und all seiner Engel sind so groß, dass sie aus

Liebe die Dunkelheit erhalten können. Daher können wir alle wachsen, bis wir eines Tages die Dualität überwinden.

Bitte seien Sie mir nicht böse, wenn ich mich jetzt etwas echauffiere. Es gibt keine gefallenen Engel. Dieser Gedanke ist ein geistiges Konstrukt, das uns Angst machen soll. Aber zu diesem Thema kann ich Ihnen noch ein paar spannende Erlebnisse berichten – wenn Sie an meiner Geschichte noch interessiert sind. Sehr sogar? Das freut mich! Das »Team« von Luzifer ist voller Licht und trägt für uns Menschen die größte Liebe in sich. Oder würden Sie gern den Bösewicht spielen? Nur im Film und nur wenn Sie gut bezahlt würden? Das ist verständlich. Dann sollten wir wenigstens fair sein und diese großartige Leistung anerkennen. Michael und Luzifer sind Gottes strahlendste Engel.

Sie möchten mehr über die Rolle von Erzengel Michael erfahren? Warten Sie noch ein bisschen ab, denn ich hatte das Vergnügen, ihn auf meiner Reise bald wieder zu treffen. Allerdings muss ich dazu auch sagen, dass dieses Treffen für mich persönlich der härteste Teil auf dem Weg der Erinnerung war. Aber das wusste ich zu diesem Zeitpunkt natürlich noch nicht. Zum Glück – sonst hätte ich diese Erfahrung vielleicht abgelehnt.

Ich würde die Aufgaben der beiden Erzengel am ehesten so beschreiben: Luzifer hat eher eine passive Rolle. Seine Aufgabe ist es, die Dualität so lange aufrechtzuerhalten, bis wir alle es geschafft haben, wirklich nur noch bedingungslose Liebe zu sein. Michael ist innerhalb der Dualität der höchste Helfer. Er hilft uns bei unserer Aufgabe, unsere Ängste und Emotionen in Liebe zu verwandeln, und er beschützt uns dabei.

Aber zunächst ging es weiter wie beim letzten Mal, als ich von einem, ich nenne es einmal Abenteuer, in den Garten zurückgekehrt war. Ich hatte Zeit, mich auszuruhen und die Dinge zu verarbeiten. Ich ging spazieren und schlief sehr viel. Ich denke, das war besonders wichtig, denn ich glaube, dadurch konnte ich diese neuen Informationen wirklich integrieren, und irgendwann hatte ich das Gefühl, dass die Erlebnisse wirklich ein selbstverständlicher Teil von mir geworden waren. Es war, als ob ich das alles schon immer gewusst hätte, und es stellte sich ein Gefühl wundervoller Ruhe ein. Das Besondere in diesem Garten war die unbeschreibliche Harmonie, die ich dort erlebte. Es herrschte die perfekte Mischung aus Wärme, Kühle, Düften, Geräuschen und Stille. Ich hatte ständig das Gefühl, dass der Moment, so, wie er gerade war, nicht besser sein könnte. Und wissen Sie, was das Beste war? Mir war nie langweilig, nicht einmal einen Gedanken verschwendete ich an ein solches Empfinden. Es war, als ob Langeweile an diesem Ort nicht existierte oder nicht bekannt wäre.

Schließlich war ich wohl bereit für die nächste Erfahrung, denn irgendwann – ich weiß nicht, wann – passierte etwas Seltsames: Es wurde nicht mehr hell. Ich war eingeschlafen und wieder wach geworden, ohne zu wissen, wie lange mein Schlaf gedauert hatte. Das war eigentlich nichts Besonderes, für gewöhnlich wartete ich ab, und irgendwann wurde es hell. Aber diesmal war es anders. Auch wenn es für mich keine messbaren Zeiträume gab, beschlich mich irgendwann das Gefühl, dass etwas nicht stimmte.

Sie haben recht, das habe ich mir später auch gedacht. Ich hätte den Wechsel von hell und dunkel wie Robinson Crusoe mitzählen können. Aber wissen Sie was? Zeit hatte vorher einfach keine Rolle gespielt, war nie wichtig gewesen. Deshalb war diese Erfahrung auch umso merkwürdiger für mich.

Schließlich dachte ich, die Dunkelheit wäre eine Halluzination. Weil ich die Zeit nicht messen konnte, wusste ich natürlich auch nicht, wie lange es dunkel war. Ich kann Ihnen auch nicht sagen, ob es sich wie ein langer Zeitraum angefühlt hat, denn wenn es keine Zeit gibt, können Sie merkwürdigerweise auch keine Vorstellung von Zeit entwickeln. Das ist ja nur logisch. Wenn es nichts gibt, zu dem man etwas in Relation setzen kann, ist es nicht möglich, ein Gefühl dafür zu entwickeln. Mein

Kriterium dafür, dass ich schließlich davon überzeugt war, dass die Dunkelheit dauerhaft anhielt, waren meine Gefühle, die sich nach und nach verändert hatten. Zunächst wunderte ich mich nur und dachte, dass ich einfach nur abwarten müsste. Aber mit der Zeit wurde es immer unerträglicher und extremer. Ich begann zu glauben, dass ich es nicht mehr aushalten konnte, und hoffte, dass der Zustand bald zu Ende sein würde, aber es blieb dunkel. Ich weiß nicht, ob Sie sich vorstellen können, wie es ist, immer nur in einer dunklen Umgebung zu leben.

Es wurde aber auch weiterhin für mich gesorgt, es gab Essen und Wasser wie zuvor auch. Wie ich versorgt wurde, weiß ich nicht, das hatte ich ja auch im Hellen nicht herausfinden können. Vor allem kann ich Ihnen auch nicht sagen, warum sich ausgerechnet in dem Moment, in dem ich Hunger verspürte, etwas zu essen in meiner Nähe befand. Als ich das erste Mal hungrig wurde, begann ich, meine Umgebung abzutasten, und ich fand sofort wie gewohnt Nahrung. Nach und nach verlor ich die Orientierung. Den kleinen Wasserlauf, den ich kannte, hörte ich und konnte ihn daher auch problemlos finden. Zunächst kroch ich im Garten umher und tastete mich langsam voran, weil ich natürlich sehr vorsichtig war. Aber ich stieß mich nie, nicht ein einziges Mal, an irgendetwas oder verletzte mich.

Nach einiger Zeit begann ich, aufrecht zu gehen und immer eine Hand nach vorn auszustrecken, aber auch dabei kam ich nie mit einem Hindernis in Berührung. Natürlich gab es Wurzeln auf dem Weg oder Zweige, die von oben herabhingen. Das kannte ich alles. Ich hätte wirklich genau so herumlaufen können, als würde ich alles sehen, aber dazu hatte ich nicht den Mut. Im Gegenteil, ich bekam es immer mehr mit der Angst zu tun, einem Gefühl, das ich zuvor in dem Garten nie gehabt hatte. Ich verlor mein Vertrauen und bewegte mich möglichst wenig von meinem Platz fort. Meine Welt wurde dadurch immer kleiner und enger.

Irgendwann kam mir der Gedanke, dass es vielleicht nicht dauerhaft dunkel war, sondern dass ich blind geworden sein könnte. Diese Vorstellung machte mir große Angst, und je mehr ich darüber nachgrübelte, desto mehr steigerte ich mich hinein. Ich bekam Panikattacken und konnte kaum mehr schlafen. Natürlich weiß ich nicht, wie lange dies anhielt, aber ich fühlte, dass es zu lange dauerte. Ich fühlte mich verlassen und wollte lieber sterben, als in diesem Zustand weiterzuleben. Natürlich war das völlig absurd. Ich hatte alles, was ich brauchte, eigentlich ging es mir gut. Aber das realisierte ich in diesem Moment nicht. Ich war das Opfer meiner Lebensumstände und nicht in der Lage, das Positive zu sehen – im wahrsten Sinne des Wortes.

Schließlich gab ich es auf, mich innerlich gegen meine Situation aufzulehnen, und dann sah ich plötzlich etwas. Eigentlich waren es nur zwei kleine helle Punkte. Sie tauchten plötzlich auf, dann verschwanden sie und kamen in unregelmäßigen Abständen wieder. Sie erschienen an unterschiedlichen Orten, und die Abstände waren sehr unterschiedlich – manchmal mehrmals hintereinander, dann wieder lange gar nicht. Ich fühlte mich beobachtet und gewann allmählich den Eindruck, dass diese leuchtenden Punkte zu einem Tier gehörten, das auf etwas wartete. Wenn ich die Punkte nicht wahrnahm, bildete ich mir wieder ein, dass ich blind war, und dachte, dass die beiden hellen Punkte Ausdruck beginnender Wahnvorstellungen waren. Es gelang mir auch nie, zu diesen Punkten hinzugehen, wenn sie aufblinkten. Meine Angst hielt mich in einem Zustand völliger Agonie, und ich begann einmal mehr, mit meinem Leben abzuschließen. Ich hörte auf zu essen, weil ich der Meinung war, dass ich, wenn ich schon blind war und bald ganz dem Wahnsinn verfallen würde, auch gleich sterben könnte.

Aber auf diesen Entschluss folgte eine sehr komische Situation. Ich hatte beschlossen zu sterben, wusste aber nicht, wie ich das erreichen sollte. Merkwürdigerweise spürte ich, dass ich nicht sterben konnte oder wollte. Wenn schon, so dachte ich, wollte ich theatralisch sterben, zum Beispiel mich von einer Klippe stürzen oder an einem Baum erhängen. Paradoxerweise entschied ich mich, am Leben zu bleiben, auch wenn es noch so dunkel war. Dann erschienen die leuchtenden Punkte, die ich so lange nicht mehr gesehen hatte, plötzlich wieder. Zunächst dachte ich, dass sie ohnehin schnell wieder verschwinden würden, doch diesmal blieben sie an Ort und Stelle. Es war, als forderten sie mich auf, mit ihnen in Kontakt zu treten. Ich beschloss, mich langsam an die hellen Punkte heranzutasten. Je näher ich kam, desto mehr nahm ich um die beiden Punkte herum einen Lichtschein wahr. Als ich nah genug herangekommen war, erkannte ich, dass die beiden Punkte die Augen einer Eule waren. Sie war von einem schwachen Lichtschein umgeben, sodass ich sie gerade noch erkennen konnte.

»Endlich«, sagte die Eule, »ich musste lange warten.«

»Worauf?«, fragte ich.

»Du musstest dich entscheiden, ob du sterben oder leben willst.«

»Das habe ich.«

»Ja, aber es hat lange gedauert.«

»Bin ich doch nicht blind?«, fragte ich etwas ängstlich.

»Das weiß ich nicht, ich hoffe, du wirst sehend.«

»Bist du ein Orakel?«

»Nein, ich soll dich nur zu etwas hinführen. Schließe die Augen.«

»Aber es ist doch ohnehin schon dunkel!«

»Schließe deine Augen!«

Ich wollte noch fragen, warum ich die Augen schließen sollte, doch im selben Moment begann sich die Erde unter mir zu bewegen, ich verlor das Gleichgewicht und stürzte abgrundtief. Ich weiß nicht, wie weit und wie lange ich fiel, doch plötzlich schlug ich hart auf. Der Boden, auf dem ich gelandet war, fühlte sich hart und schmutzig an. Ich hatte den Mund voller Sand, und mein ganzer Körper tat weh. Langsam und vorsichtig versuchte ich, mich aufzurichten, denn ich hatte keine Vorstellung davon, wo ich mich befand. Dann sah ich die Augen wieder vor mir leuchten.

»Auf gehts«, forderte mich die Eule auf.

»Langsam, ich sehe doch gar nichts.«

»Deswegen bin ich ja bei dir. Ich weise dir den Weg. Ich sehe die Dinge, die verborgen sind.«

Missmutig klopfte ich den Staub von meinen Kleidern und folgte der Eule, die erneut von einem matten Lichtschimmer umgeben war.

»Kannst du dein Licht etwas heller machen?«, fragte ich sie nach einer Weile.

»Auf dieser Reise geht es um die Dinge, die du nicht sehen willst. Dieses Licht muss genügen.«

Dann flog sie schneller, und ich musste laufen, um mit ihr Schritt halten zu können. Sie erhöhte das Tempo weiter, und ich rannte. Ich bekam keine Luft mehr, doch ich musste weiter – schneller, schneller, schneller, bis ich vergaß, wo ich war und auch, warum ich dort war. Ich geriet vollkommen außer Atem, funktionierte nur noch. Ich hatte höllische Schmerzen – ich, ich, ich … – und dann war Leere.

Die Erde bebte, alles um mich herum wackelte, und ich hörte ein furchtbares Geräusch, dann nahm ich entsetzlichen Gestank wahr. Ich lag wieder auf dem Boden. Es war hell, und ich konnte meine Umgebung erkennen. Doch ich hatte gar keine Zeit, mich darüber zu freuen, denn als ich mich aufrichtete, sah ich etwas, was mir das Blut in den Adern gefrieren ließ. In der Ferne vor mir erblickte ich ein Monster, das langsam auf mich zukam. Es hatte unzählige Füße mit riesigen Krallen, die sich bei jedem Schritt tief in die Erde gruben. Sein Körper war mit einem unförmigen hässlichen Panzer umgeben, von dem eine dampfende Flüssigkeit tropfte. Der Kopf bestand überwiegend aus einem Augenpaar, das mich grässlich anblinkte. Diese Augen verbreiteten Angst und Schrecken. Unter ihnen erkannte ich ein Maul, das ständig Kaubewegungen vollführte und Zähne wie ein Mahlwerk offenbarte.

Ich blickte mich um und bemerkte, dass ich in einer Höhle gefangen war, weil das Ungetüm den einzigen Ausgang versperrte. Es füllte schon den gesamten Gang aus und kam immer näher! Ich wusste keinen Ausweg. Vorsichtig bewegte ich mich weiter nach hinten, denn das Ungeheuer hatte mich jetzt fest im Blick und schien zu beschleunigen. Nach wenigen Schritten rückwärts spürte ich hinter mir eine Wand. Ich hatte das Gefühl, als wäre dies mein Ende, denn zwischen dem Untier und mir lagen nur noch wenige Meter. Sein Gestank wurde immer widerwärtiger, und es strahlte eine immense Hitze aus. Der Schweiß schoss mir aus allen Poren – vor Hitze und Verzweiflung.

Was ich spürte, war Angst, nur nackte, blanke Angst. Es war keine Todesangst, es war schlicht nur Angst. Und diese Angst lähmte mich. Mein Überlebenswille war blockiert, ich spürte meinen Körper nicht mehr, konnte keine Bewegung mehr vollführen, nicht schreien und keinen klaren Gedanken fassen. Ich war völlig paralysiert, gefesselt, versteinert und erstarrt. Ich hatte aufgehört zu sein. Ich existierte nicht mehr, nur noch die Angst in mir lebte. Alles war tot, nur die Angst blieb.

Das Ungeheuer erreichte mich. An seinem Kopf befanden sich grobe Fühlerhaare, die mir jetzt durchs Gesicht wischten. Sie fühlten sich an wie Drahtschlingen. Anscheinend wollte es mich noch ausführlich begutachten, bevor es mich töten würde. Ich spürte die Hitze, die von ihm ausging, und sein scheußlicher Geruch wehte mir ins Gesicht. Der einzige Gedanke, den ich in dieser Situation noch fassen konnte, war der Wunsch, dass es schnell vorbeigehen sollte. Ich hoffte, dass es mir den Kopf abreißen würde, damit alles vorbei war. Ich wollte nur noch, dass es zu Ende ging. Schnell! Aber das Tier ließ sich Zeit, es hatte anscheinend Gefallen an meiner Angst. Ja, meine Angst schien es sogar zu nähren, denn es wirkte auf einmal viel ruhiger und gelassener. Es war sich seiner Beute sicher und wollte meinen Todeskampf vermutlich richtig auskosten. Wahrscheinlich machte mich meine Angst erst so richtig schmackhaft. Ich wollte langsam an der Höhlenwand entlang nach unten rutschen. Seit das Tier so nahe vor mir stand, konnte ich wieder denken. Ich musste denken, kostete es, was es wollte. Ganz langsam versuchte ich, mich zu bewegen, aber ich bekam sofort einen Prankenschlag ins Gesicht und dann einen zweiten, noch heftigeren, der mich quer durch die Höhle auf den Boden schleuderte.

Blut lief an meinem Gesicht herunter, und ich lag in der Mitte der Höhle. Das Tier drehte sich mit unglaublicher Geschicklichkeit um und marschierte auf mich zu. Dabei hob es seine Pranken, und ich konnte messerscharfe Krallen erkennen. Noch drei oder vier Schritte, dann würde mich das Monster zerquetschen oder mit seinen Krallen aufspießen oder mir die Halsschlagader aufschlitzen. Vier, drei, zwei – ich schrie laut, einfach weil mir nichts anderes einfiel.

Dann passierte etwas. Neben mir stand plötzlich Erzengel Michael, riesengroß und in strahlender Schönheit. Mit einer Bewegung seines Flammenschwerts brachte er alles zum Stillstand. Über mir sah ich die riesige Pranke mit den blitzenden Krallen erstarren, dann war alles ruhig.

»Sei gegrüßt«, sagte Erzengel Michael. Die Situation war alles andere als komisch, aber ich musste lachen, denn auf diese Anrede war ich nicht vorbereitet. Trotzdem tat es gut, denn das Lachen nahm viel Druck von mir.

»Sprich mit dem Tier«, fuhr Erzengel Michael fort. »Es ist nicht real. Deine Angst hat dieses Ungeheuer erschaffen.«

»Ich finde das Vieh aber sehr real.«

»Deine Angst ist real, deswegen empfindest du auch das Tier als real. Wenn deine Angst verschwindet, löst sich auch das Ungeheuer auf.«

»Das ist leichter gesagt, als getan.«

»Du hast die Angst erschaffen, du kannst sie auch zum Verschwinden bringen.«

»Welche Angst ist das denn?«

»Alles, wovor du Angst hast: Geld, Beziehungen, Beruf, Selbstwert – all das.«

»Das stimmt«, gab ich zu. »Was soll ich jetzt machen?«

»Stelle dich deiner Angst, und besiege sie.«

»Kannst du mir dabei helfen?«

»Ich bin da, ich helfe dir.«

»Kannst du das Monster besiegen?«

»Nein, das kann ich nicht, selbst wenn ich es mit all meiner Liebe und Kraft versuchen würde.«

»Und warum nicht?«

»Weil es deine Angst ist. Dein freier Wille hat es erschaffen. Deine Entscheidung hat diese Ängste zugelassen. Deswegen kannst auch nur du dieses Monster besiegen.«

»Kann ich dabei sterben?«

»Das ist deine Entscheidung.«

»Wofür kann ich mich denn entscheiden?«

»Du kannst dich deiner Angst stellen, dann hast du die Chance, sie zu besiegen.«

»Und wenn ich sie nicht bezwinge?«

»Dann wirst du früher oder später sterben. Jetzt liegt es an dir. Entscheide dich.« Nach diesen Worten war Erzengel Michael verschwunden, und ich fühlte wieder den kalten, nassen Höhlenboden unter mir, sah die Krallen bedrohlich über mir schweben, und ein Schwall aus Hitze und Gestank strömte mir entgegen. Die Pranke des Ungeheuers näherte sich wieder bedrohlich.

»Michael!«, schrie ich voller Todesangst.

Irgendwo aus der Ferne hörte ich seine Stimme rufen: »Du bist der Herr deines Schicksals. Beherrsche deine Angst. Jetzt!«

Die Kralle kratzte an meiner Gesichtshaut, und in letzter Verzweiflung schrie ich: »Zurück!« Das Ungeheuer hielt inne.

Ich nutzte meine Chance und schrie weiter: »Ich befehle dir, zurückzugehen! Weiche zurück!«

Zu meinem großen Erstaunen bewegte sich das Tier langsam rückwärts und machte Platz, damit ich aufstehen konnte. Ich blickte ihm in die Augen. In einigem Abstand blieb es stehen, seine Augen blinkten furchterregend, eine Kralle blieb bedrohlich in meine Richtung erhoben. Mit einer Bewegung hätte sie mich erreichen und tödlich verletzen können. Zum ersten Mal seit dem Angriff hatte ich etwas Raum, um mich frei bewegen zu können. Ich blickte dem Monster weiterhin in die Augen. Gleichzeitig überlegte ich fieberhaft, was ich als Nächstes tun sollte. ›Wie kann ich meine Angst besiegen?‹, fragte ich mich.

Dann tauchte plötzlich auf der anderen Seite der Höhle Emeralda auf. Bildschön und rein, in einem weißen Gewand und mit einem goldenen Diadem im Haar, stand sie regungslos da. Sie war für mich das Ebenbild von Schönheit, meine Göttin, das Traumbild einer Frau, das ich tief in meinem Herzen verehrte. Einen kurzen Moment dachte ich, sie könnte mir helfen, mich zu befreien. Dann sah ich mit Entsetzen, wie sich das Ungeheuer zu ihr umdrehte.

»Emeralda, was machst du hier? Verschwinde!«, rief ich.

Doch sie blieb regungslos stehen, und das Tier machte einen Schritt auf sie zu. Mit großem Schwung und einer Leichtigkeit, die ich ihm nicht zugetraut hätte, hob es seine mit Krallen besetzte Pranke und ergriff Emeralda. Sie war völlig wehrlos und sah in der Pranke des Ungeheuers aus wie eine Spielzeugpuppe. Ich nahm all meinen Mut zusammen und ging einen Schritt auf das Monster zu.

»Lass sie sofort los!«, befahl ich.

Doch dieses Mal gehorchte das Tier nicht, ja, es schien mich nicht einmal zu hören. »Zurück! Stopp! Ende!«

Doch Worte halfen nichts. Das Tier hörte nicht. Stattdessen öffnete es sein riesiges Maul, und ich sah sein bedrohliches Mahlwerk aus Zähnen. Es wollte Emeralda verschlingen. Erstaunlicherweise sagte sie kein Wort und rührte sich auch nicht. Es schien, als ob sie das Geschehen überhaupt nicht mitbekam.

»Michael«, schrie ich voller Verzweiflung, »dann hilf wenigstens Emeralda, wenn ich hier schon nicht hinauskomme!«

Plötzlich erschien Erzengel Michael wieder vor mir, in aller Größe und Schönheit, und ich schöpfte Hoffnung.

»Ich kann ihr nicht helfen«, sagte er. »Was du siehst, ist nicht real. Du siehst nur deine Verlustangst. Du siehst, dass du dich aus Angst davor, verletzt oder verlassen zu werden, nie richtig auf eine Beziehung eingelassen hast.«

»Verdammt, das stimmt. Aber was hat Emeralda damit zu tun?«

»Sie ist dein Traum, und du wirst ihn hier verlieren.«

»Nein, bitte nicht!«

»Stelle dich endlich deiner Angst. Ich kann nichts mehr für dich tun.« Dann verschwand er.

Ich blickte mich um. Das Ungeheuer begann, Emeralda in seinen grausigen Schlund zu schieben, und blitzschnell war sie darin verschwunden. Ich glaubte, das Brechen von Knochen zu hören, und blickte auf das schmatzende Maul. Nichts war von ihr übrig geblieben. Ich taumelte nach hinten, mein Kopf schlug gegen die Wand, und ich ging in die Knie. Voller Verzweiflung hämmerte ich mit meinen Fäusten auf den Boden, bis sie blutig waren, und doch spürte ich keinen Schmerz. Ich bemerkte, wie das Tier wieder etwas ruhiger wurde, anscheinend war sein erster Appetit gesättigt, und es war sich seiner Beute ja sicher.

Doch schon begann es, sich wieder in meine Richtung zu bewegen. Als das Tier nahe genug herangekommen war, hob es eine Pranke, packte mich und hielt mich fest. Dann wurde ich hochgehoben, ich begann, um mich zu schlagen, aber ohne Erfolg. Es drückte zu, und einige meiner Rippen brachen. Ich rang nach Luft.

Plötzlich sprach das Tier zu mir: »Was ist deine größte Angst?«

»Wer bist du?«, fragte ich verängstigt.

»Ich bin du und habe dir eine Frage gestellt!«

»Meine größte Angst …«, stammelte ich, »ist die, zu versagen.«

»Das ist gelogen!«, schrie es mir entgegen.

Ich wurde wütend.

»Dann sage du mir doch, was es ist«, brüllte ich zurück.

»Deine größte Angst ist es, nicht geliebt zu werden. Mit dieser Angst hast du mich erschaffen, und deswegen hast du Emeralda verloren. Es wird Zeit, dass du diese Angst überwindest.«

Nach diesen Worten drückte das Ungeheuer seine Pranke noch fester zusammen, erneut krachten ein paar meiner Rippen, und ich spürte einen stechenden Schmerz im Brustkorb. Mein Körper war von den Krallen gezeichnet, und mir ging langsam die Kraft aus.

»Bist du bereit?«

»Bitte!«, flehte ich. Meine Stimme wurde schwächer, die Kräfte verließen mich. Wieder spürte ich einen Druck auf den Brustkorb, und ich sah die schrecklichen scharfen Zähne immer näher kommen. Aus dem Maul drang entsetzlicher Gestank. Dann verschwand ich zwischen den abscheulichen Zähnen. Während ich zerbissen und zerkaut wurde, verspürte ich große Schmerzen. Ich wurde immer kleiner. Meine Angst zermahlte mich, verarbeitete mich zu einem Nichts. Ich spürte, dass ich mich auflöste und nur noch eine riesige Angst von mir übrig blieb.

Dann hatte ich eine Vision. Erneut erschien mir Erzengel Michael. Diesmal trug er eine goldene Rüstung und einen Helm wie ein römischer Heerführer. Seine blonden Locken quollen unter dem Helm hervor, und er war umgeben von einer Aura aus goldenem Licht.

»Das ist deine einzigartige Chance. Du hast diese Reise angetreten, weil du deine Ängste besiegen willst. Nutze sie, sonst verbringst du dein Leben weiterhin in Angst und verlierst wieder alles, was du erschaffen hast.«

»Was soll ich tun?«

»Erinnere dich daran, was dir Kamaole, der Wal, erzählt hat.«

Ich dachte nach. Michael strahlte Ruhe aus, und so fühlte ich mich sicher.

»Kamaole erklärte mir, dass wir alle Teil Gottes sind und dass Gott reine Liebe ist. Also bin auch ich Gott und Liebe.«

»Sehr gut«, sagte Michael. »Was ist dann Angst?«

»Angst ist eine Illusion, die ich mit Liebe auflösen kann. Damit können wir die Dualität überwinden.«

Erzengel Michael nickte zustimmend. »Jetzt ist es notwendig, dass du dich selbst liebst und dass du deine Angst liebst.«

»Dieses Ungeheuer, das Emeralda und mich gefressen hat, soll ich lieben? Nie im Leben!«

»Das ist deine Entscheidung. Denke daran, das Tier gehorcht dir, du kannst es verändern.«

Ich schwieg. Erzengel Michael wartete, dann hörte ich wieder aus weiter Ferne seine Stimme: »Bist du bereit?«

Ich nickte: »Ja! Lass uns beginnen.«

Plötzlich lag ich wieder auf dem Höhlenboden. Erzengel Michael war verschwunden. Stattdessen waren die Hitze und der Gestank des Monsters zurückgekehrt. Das Tier begann wieder, sich zu bewegen, und kam langsam auf mich zu. Ich war erstaunlich ruhig. Aus irgendeinem Grund war alle Anspannung von mir abgefallen, und ich machte einen Schritt auf das Tier zu.

»Ich bin Gott und die Liebe.«

Nach diesen Worten erschrak ich kurz. Ich war über das, was ich gesagt hatte, sehr überrascht, aber das Ungeheuer blieb wie angewurzelt stehen.

»Ich bin Gott und die Liebe.«

Als ich den Satz wiederholte, veränderte sich das Tier allmählich, es wurde kleiner.

»Ich bin Gott und die Liebe.«

Beim dritten Mal sackte das Tier zusammen, als ob man die Luft aus ihm herausgelassen hätte.

»Ich habe dich erschaffen, ich sehe meine Angst in dir. Ich liebe dich!«

Nach diesen Worten fiel das Monster in sich zusammen, zurück blieb eine leere Hülle, und es wurde plötzlich hell in der Höhle. Ein leichter, warmer, angenehmer Luftzug setzte ein.

Dann sah ich mich selbst als kleinen Jungen im Alter von etwa fünf Jahren auf dem Boden sitzen und weinen. Ich ging vorsichtig näher, nahm den Jungen in die Arme und tröstete ihn. »Endlich. Ich habe dich so vermisst. Danke, dass du endlich gekommen bist«, sagte der Junge.

Mir liefen die Tränen wie Sturzbäche das Gesicht hinunter. Alle unterdrückten Gefühle der letzten Jahre brachen aus mir heraus. Ich weinte immer heftiger und fühlte mich dabei aber immer leichter. Ich hielt den kleinen Jungen in meinen Armen, vereint lagen wir auf dem Boden, und ich spürte eine erlösende Ruhe und Erleichterung einkehren. Als meine Tränen versiegten und ich wieder klar aus den Augen blicken konnte, sah ich, dass wir von einem Kreis aus Engeln umgeben waren, die zu musizieren begannen. Die Musik der Engel drang direkt in unsere Herzen.

Dann öffnete sich der Kreis, und Erzengel Michael trat hinein. Seine Präsenz und seine Liebe gaben mir mein Selbstvertrauen zurück. Langsam erhoben der kleine Junge und ich uns, und ich nahm ihn auf meinen Arm.

»Du wirst zutiefst geehrt und unendlich geliebt. Du hast deine größten Ängste überwunden. Jetzt braucht ihr beide Erholung. Die Eule wird euch wieder in den Garten führen.«

In diesem Moment entdeckte ich über Michael die leuchtenden Augen der Eule. Nun endlich konnte ich sie vollständig erkennen. Es war eine herrliche, strahlend weiße Eule von unglaublicher Reinheit, Schönheit und Würde. Aufmunternd nickte sie mir zu. Langsam schritten wir aus dem Kreis der Engel hinaus. Aus dem dunklen, schmutzigen Höhlengang war ein Weg geworden, der von wunderschönen Blumen gesäumt war. Ich genoss den betörenden Duft und das Summen der Insekten, die zwischen den Pflanzen umherflogen.

»Danke, dass du mich gerettet hast«, sagte ich zu Erzengel Michael.

»Du hast dich selbst gerettet. Du bist Gott, und du bist die Liebe. Ich habe dir nur geholfen, so, wie ich es versprochen hatte.«

Mir fehlten die Worte. Ich nickte. Der kleine Junge und ich verabschiedeten uns voller Dankbarkeit von ihm und den anderen Engeln. Dann flog die Eule langsam und würdevoll voran, und wir folgten ihr erleichtert und glücklich.

KAPITEL IV

eht es Ihnen gut? Sie zittern ja am ganzen Leib. Ich kann nachvollziehen, dass Sie diese Geschichte mitgenommen hat. Sie sind ja völlig in meine Erzählung eingetaucht. Es freut mich, dass Sie das Geschehen mitempfinden konnten. Es ist bei Ihnen ähnlich? Ja, ich denke, die meisten Menschen haben eine grundlegende Angst davor, nicht geliebt zu werden. Wie meine Geschichte dann weiterging?

Ich trug mein inneres Kind auf dem Arm und folgte der Eule, bis wir wieder im Garten ankamen. Dort brauchte ich wirklich etwas Erholung, denn dieses Abenteuer hatte mich schon ziemlich geschwächt. Die folgende Zeit war wunderbar, wir ruhten uns aus oder spielten miteinander. Es war, wie wenn Vater und Sohn Urlaub machten und jede freie Minute miteinander verbrachten.

Ich weiß bis heute nicht, wer mich beziehungsweise uns damals mit Essen und Trinken versorgte. Ich sah niemals jemanden. Wenn ich Hunger oder Durst hatte, fand ich innerhalb kürzester Zeit genau das vor, was ich mir gewünscht hatte. Es war einfach plötzlich vorhanden. Zu dieser Zeit jedenfalls wurden wir richtig verwöhnt, wir bekamen köstliches Obst, Säfte und wundervolles Essen.

Was aus dem Kind geworden ist? Ich trage es jetzt in mir, es ist Teil von mir, so, wie es ursprünglich auch gedacht war, bevor ich mein Herz verschlossen hatte. Allerdings dauerte es eine Zeit lang, bis ich so weit war. Nachdem das Kind und ich uns erholt hatten, begann die wirkliche Arbeit. Das Abenteuer, von dem ich Ihnen berichtet hatte, führte letztlich zur Befreiung meines inneren Kindes. Aufgrund meiner Ängste hatte ich mich dem Zugang zu ihm völlig verschlossen, und ich hatte deshalb auch etwas verloren, was mir lieb gewesen war: Emeralda. Der Schmerz über ihren Verlust blieb, und ich sollte erst viel später Zeit haben, an dem Schmerz zu arbeiten.

Zu dieser Zeit ging es vorrangig um die Arbeit mit dem inneren Kind. Wir hatten dabei eine schöne, intensive und manchmal auch schmerzvolle Zeit. Wie das genau vor sich ging, kann ich ihnen leider nicht verraten, denn die Arbeit mit dem inneren Kind ist ein sehr intimer und individueller Prozess. Dafür gibt es kein allgemeingültiges Rezept. Das ist ein Weg, den jeder für sich gehen muss. So viel kann und darf ich Ihnen aber schon verraten: Bei der Heilung des inneren Kindes geht es um Ihre Angst davor, nicht geliebt zu werden und um die Fähigkeit zu spielen. Was ich damit meine? Spielen bedeutet, die Leichtigkeit des Lebens zu spüren, im eigenen Leben das Schöne zu sehen und aus allem das Beste zu machen. Wie auch immer das Leben ist, es gibt immer einen Grund zu tanzen. Wenn es Ihnen schlecht geht und Sie gehen tanzen, ist Ihr Leben am nächsten Morgen immer noch dasselbe, aber Sie haben eine andere Sichtweise darauf. Tanzen Sie? Versuchen Sie es! Die Fähigkeit zum Spielen zu finden bedeutet die Wiederentdeckung von Selbstliebe und Leichtigkeit, und diese sind die Schlüssel zur Heilung. Und noch etwas anderes darf ich Ihnen verraten: Das innere Kind zu befreien, ist das Schwierigste. Sobald Sie erst einmal wieder Zugang zu ihm haben, geschieht der Rest von selbst – falls Sie bereit sind und sich an die Arbeit machen.

Das Ergebnis des ganzen Prozesses war, dass mein inneres Kind und ich immer weiter zusammenwuchsen. Jetzt sind wir wieder eins. Und ich sage Ihnen, in dem ganzen Prozess der Erinnerung ist dieser Vorgang das schönste Gefühl, denn daraufhin stellten sich wieder Lebensfreude und Leichtigkeit ein. Wo das Kind nun physisch geblieben ist? Ich denke, es ist an der Zeit, Ihnen das wichtigste Grundprinzip für diesen Weg der Erinnerung zu erläutern. Diese Reise führt Sie zu Ihrer Selbstheilung. Die Reise der Erinnerung treten Sie an, weil Sie mit Ihrem freien Willen die Entscheidung treffen, alles, was notwendig ist, zu tun, um sich selbst zu heilen. Das haben Sie getan. Deswegen sind Sie jetzt genau hier.

Der Prozess der Erinnerung läuft nicht auf der dreidimensionalen Ebene ab, die durch Ursache und Wirkung bestimmt wird. Selbstheilung findet auf der interdimensionalen Ebene statt. Auf dieser Ebene ist alles miteinander verbunden.

Aber der Prozess an sich, der auf dieser Ebene abläuft, entzieht sich unserer Logik. Wenn Sie etwas erreichen möchten, muss dafür nicht notwendigerweise das geschehen, von dem Sie glauben, dass es geschehen muss. Es gibt eine Kraft, die weiß, was zu tun ist, und es ist wichtig, dass Sie das Handeln auch dieser Kraft überlassen. Auf dem Weg der Selbstheilung ist es für uns entscheidend, dass wir nicht nur denken, sondern dass wir wieder lernen, die Dinge zu spüren und entstehen zu lassen. Interdimensional bedeutet, dass es eine Kraft gibt, die weiß, was zu tun ist und was geschehen muss, damit wir das Ziel erreichen. Ihre persönliche Aufgabe ist es nur, die Entscheidung zu treffen und die Absicht auszusenden, dass Sie ans Ziel kommen möchten. Alle Ereignisse, die sich interdimensional abspielen, sind absolut real, aber nicht Teil unserer alltäglichen Wirklichkeit. In dieser sehen wir nur die Ergebnisse. Ich sitze neben Ihnen und erzähle Ihnen die Erlebnisse meiner Reise zu Erinnerung und Selbstheilung. Sie hören meine Worte, und diese werden von Ihrem Gedächtnis gespeichert. Das ist die Realität. Der Prozess der Interdimensionalität fing an, als Sie beschlossen haben, sich selbst zu heilen. Nun hat die intelligente Kraft der Interdimensionalität begonnen, die Weichen zu stellen, damit Ihnen das Erinnern möglich ist. Sie wurden auf einen anderen Flug gebucht, und wir sitzen nebeneinander. Die Kraft wirkte, und als Ergebnis sehen Sie die Realität, so, wie sie gerade ist. Sehen Sie mich an, ich bin ein normal aussehender Mann in Businesskleidung. Das war ich schon vor meiner Erinnerung und bin es auch danach geblieben. Dennoch wurde ich durch meine Reise zur Erinnerung ein vollständig anderer Mensch, da können Sie meine Bekannten, meine Verwandten und meine Familie fragen. Die Veränderung verlief nicht von heute auf morgen, sie benötigte Zeit. Alle Erlebnisse, die ich Ihnen berichtet habe und noch berichten werde, waren wahr und real, aber sie konnten auf diese Weise nicht in der dreidimensionalen Wirklichkeit geschehen. Dennoch hatten sie eine Wirkung, die in der realen Welt sichtbar geworden ist.

Die wichtigste Eigenschaft, die man benötigt, um sich erinnern zu können, ist, dreidimensional zu denken und interdimensional zu sein. Beides muss möglich sein, denn auch nach der Erinnerung werden wir immer noch auf der Erde sein, einen Beruf haben, Geld verdienen und ein sogenanntes »normales« Leben führen. Damit wir heilen und uns erinnern können, müssen wir lernen, interdimensional und dreidimensional zu leben und zu fühlen. Wie das geht? Machen Sie sich darüber keine Sorgen. Sie werden es lernen, denn das ist Teil der Erinnerung. Aber ich sage Ihnen, warum es so wichtig ist. Wer ist denn die intelligente Kraft, die für uns die interdimensionalen Erlebnisse erschafft? Es ist das Bewusstsein Gottes. Ja, Sie haben richtig gehört. Natürlich hat Gott ein Bewusstsein. Warum denn um alles in der Welt auch nicht? Haben Sie ein Bewusstsein? Ja? Das beruhigt mich. Das war natürlich ein Scherz! Wir bestehen – wenn Sie es so ausdrücken wollen – zu 100 Prozent aus Gott; weil wir ein Teil Gottes sind, sind wir Gott. Zirkelschluss, sagen Sie? Nein, so etwas gibt es nur in der Dreidimensionalität. Unser Gespräch findet auf der Ebene des interdimensionalen Bewusstseins statt. In dem Moment, in dem wir lernen, interdimensional zu sein, passiert Folgendes: Wir verbinden uns wieder mit Gott. Wir bestehen aus Liebe. Das ist die Erinnerung, und jetzt können wir uns heilen.

Das erscheint alles sehr kompliziert. Das ist es aber nur, weil wir es nicht anders kennen. Schließlich sind wir in der dreidimensionalen Realität aufgewachsen. Deswegen ist es ja so wichtig, dass wir uns wieder erinnern. Ich bin sicher, dass Sie im Laufe Ihrer Reise diese Zusammenhänge völlig klar sehen werden. Die Heilung des inneren Kindes ist ein interdimensionaler Prozess. Deswegen kann man die Frage, wo das Kind physisch hergekommen und hingegangen ist, nicht beantworten. Es kann ein schwieriger Prozess sein, Ihr inneres Kind zu befreien. Das kann ich nicht beurteilen, aber Sie sind ja gerade auf dem Weg der Erinnerung unterwegs. Bitte denken Sie stets daran: Genauso wie ich und jeder andere, sind auch Sie nie allein. Wir sind immer beschützt, und es wird uns immer geholfen, nur die Arbeit müssen wir selbst machen.

Natürlich dürfen Sie mir eine Frage stellen, auch eine persönliche. Nein, ich werde bestimmt nicht beleidigt sein, warum auch. Bitte entschuldigen Sie, dass ich lache. Ich bin sehr erleichtert, dass diese Frage kommt. Endlich! Ich werde Ihnen erklären, warum Sie sich keine Sorgen machen müssen, denn was ich erreichen möchte, ist das Gegenteil von dem, was Sie befürchten. Ich bin kein Guru, kein Meister und ebenso wenig ein Lehrer. Das Einzige, was ich vielleicht sein kann, ist ein Vorbild. Ich bin diese Reise angetreten, wie viele vor mir und hoffentlich auch viele nach mir, und daher kann ich als Beispiel dienen. Ich bin kein Teil irgendeiner Bewegung und möchte auch keine gründen. Ich stelle keine Regeln auf oder verlange, dass irgendjemand etwas Bestimmtes tut.

Aber nun kommen die wichtigsten Punkte: Ich arbeite nicht mit Angst. Sie werden von mir nicht hören, dass irgendetwas passiert, wenn Sie etwas nicht machen. Auch gebe ich keine Prophezeiungen oder Ankündigungen oder mache Drohungen. Ich verlange natürlich auch kein Geld von Ihnen und verspreche Ihnen dafür irgendwelche Vorteile. Das sind alles Paradigmen aus der dreidimensionalen Welt. Diese »Angstindustrie« muss existieren, denn in der Dreidimensionalität leben wir in der Dualität. Interdimensional leben wir in der Liebe.

Meine Botschaft ist die, dass wir uns aus den Abhängigkeiten der Angst lösen können. Wir sind frei und haben die Möglichkeit zu entscheiden, wie wir unser Leben gestalten möchten. Organisationen möchten Geld und Gehorsam oder, benennen wir es etwas neutraler, Gefolgschaft. Wir werden in unserem Leben durch viele Dinge gebunden: durch Treuepunkte, durch die Angst, dass etwas passieren könnte und wir uns deswegen dagegen versichern müssen, und durch die Religion, die uns ein besseres Leben verspricht, wenn wir gehorsam sind.

Diese Zeiten sind vorbei. Wir treten ein in die Zeit der Freiheit und der Selbstverantwortung. Mein Ziel ist nicht, Sie durch solche Versprechungen an mich zu binden, sondern Ihnen mein Wissen und meine Erfahrung zur Verfügung zu stellen. Der Rest ist Ihre Entscheidung. Es liegt an Ihnen, wo sie glauben, Gott finden zu können: außerhalb von Ihnen oder in Ihnen. Sie haben vollkommen recht, uns wurde jahrhundertelang das Gegenteil vermittelt: Wir seien nicht würdig, direkt mit Gott zu sprechen. Wir bestünden aus Sünde und müssten uns nun mühsam aus dem Dreck wieder hocharbeiten.

Hybris – da sprechen Sie ein großes Wort gelassen aus. Sie meinen, wenn wir unsere göttlichen Fähigkeiten wieder nutzen, werden wir arrogant. Hochmut kommt vor dem Fall, das hat die Geschichte oft genug bewiesen. Aber hier gibt es einen sehr wichtigen Unterschied. Gott ist Liebe, nur Liebe. Wir sind Gott und daher Liebe. Wenn wir unsere göttlichen Fähigkeiten einsetzen, dann handeln wir aus Liebe. Hochmut ist nicht, Gott zu sein, sondern sich für Gott zu halten. In einem solchen Fall sind Sie ein Mensch, der mit seinem Ego im Gestrüpp der Dualität gefangen ist und sich mit seinem Ego für Gott hält. Das ist Hybris – Hochmut, Arroganz. Wenn Menschen sich für Gott halten, entstehen Herrschaftsdenken, Krieg, Unterdrückung und Hass, und es entwickeln sich religiöse und politische Systeme, die dies unterstützen. Wenn Sie Gott sind und dieses Konzept der Interdimensionalität wirklich verstanden und in Ihr Leben integriert haben, dann folgen Sie den Meistern: Jesus, Buddha oder Mutter Teresa. Das waren Menschen, die aus ihrem göttlichen Bewusstsein heraus und mit der Kraft der Liebe lebten.

Jetzt sehen Sie, warum ich für Ihre Frage so dankbar war. Die Essenz der Erinnerung liegt in der Unterscheidung, ob Sie sich für Gott halten oder ob Sie Gott sind. Sie haben die Wahl. Deswegen vertrete ich keine Organisation. Meine Aufgabe ist es zu dienen. Jetzt verstehen Sie, was ich damit meinte, dass ich als Beispiel dienen könnte. Mein Bestreben ist es, als überzeugendes Beispiel zu helfen, nicht mehr und nicht weniger. Der Rest liegt bei Ihnen.

Wir sind jetzt vielleicht etwas vom Thema abgekommen, denn Sie wollen natürlich wissen, wie meine Reise weiterging. Aber bitte bedenken Sie, wir befinden uns auf einer permanenten Gratwanderung, denn auch in der 3-D-Welt finden interdimensionale Ereignisse statt, die Veränderungen bewirken. Aber jetzt hören Sie zu, was weiter geschah. Diesmal erwartete mich kein Tier – weder ein Ungeheuer noch ein anderes – obwohl ich immer wieder danach Ausschau hielt. Seit mir die Versöhnung mit meinem inneren Kind gelungen war, befand ich mich wirklich in bester Stimmung. Ich fühlte mich endlich glücklich und ausgeglichen. Im Gegensatz zum Anfang der Reise, bei dem ich eher zögerlich war, wollte ich jetzt wissen, wie es weitergehen würde. Aber es passierte gar nichts. Ich kann Ihnen wiederum nicht sagen, wie lange diese Zeit andauerte. Aber etwas geschah doch in diesem Zeitraum: Ich wurde zum ersten Mal während meiner Reise ungeduldig. Und je länger ich in meinem Garten umherlief, desto lähmender schien alles zu sein. Ich fühlte mich beobachtet, und mir kam der Verdacht, dass mir Geduld gelehrt werden sollte. Und so war es dann auch.

Irgendwann saß plötzlich ein alter Mann im Garten auf der Bank, an der ich mich die meiste Zeit aufhielt. Er war einfach da, und als ich ihn ansprach, schwieg er. Ich wartete, aber er schwieg weiter. Schließlich wurde es Nacht, und er verschwand. Ich legte mich schlafen, und als ich erwachte, war er wieder da. Anscheinend hatte ich dieses Mal keine Gefahr zu befürchten oder ein Abenteuer zu bestehen, denn ich fühlte keinerlei Anspannung. Ich sprach den alten Mann immer wieder an, aber er kam, schwieg und ging. Irgendwann fiel mir ein, dass ich ja die Nächte hätte zählen können, um eine Vorstellung über die vergangene Zeit zu bekommen. Aber es war in diesem Garten schlicht unmöglich, mit irgendeiner Art Zeitrechnung zu leben. Jedenfalls kam mir der Zeitraum sehr lange vor. Ich hatte ohnehin sonst niemanden zum Reden, und jetzt war jemand da, aber er schwieg.

Eines Morgens wachte ich auf und blickte zuerst auf die Seite des Gartens, auf die die ersten Sonnenstrahlen hinstrahlten; ich wollte sehen, ob mein Besucher schon da war. Tatsächlich saß er wie gewohnt auf der Bank und blinzelte in die Morgensonne – so, wie jeden Morgen. Doch als er bemerkte, dass ich wach war, stand er auf und – das war ungewöhnlich – kam zu meinem Schlafplatz, der noch im Schatten lag.

»Du musst lernen zu sein.«

Ich war sprachlos, nach so langen Tagen des Schweigens hätte ich eher etwas anderes erwartet, zum Beispiel einen Guten-Morgen-Gruß oder dass er sich vorgestellt hätte.

»Wie meinst du das?«, fragte ich schließlich.

»So, wie ich es sage.« Er machte kehrt und setzte sich wieder auf seinen Platz. Ich stand auf und ging zu ihm hinüber.

»Wie soll ich diesen Satz verstehen? Was meinst du damit?«

»So, wie ich es sage.« Danach begab er sich in dieselbe meditative Position, in der ich ihn all die Zeit davor häufig gesehen hatte, und schwieg. Verdutzt stand ich vor ihm und wartete. Dann drehte ich mich um und wollte zu meinem Schlafplatz zurückkehren, als ich nochmals seine Stimme vernahm.

»Lerne zu sein. Das bedeutet, unendliche Geduld zu haben. Geduld. Geduld. Geduld.«

»Das sehe ich ja noch ein, aber wozu?«

»Du hast eine besondere Begegnung vor dir. Du wirst die Königin des Mitgefühls treffen, sie möchte mit dir arbeiten. Jedoch lässt sich wirkliches Mitgefühl nur erlernen und erleben, wenn du über viel, viel Geduld verfügst.«

Ich wollte zu einer Erwiderung ansetzen, aber er hob abwehrend die Hand.

»Lerne zu schweigen, und lerne Geduld.« Er stand auf und begann, im Park spazieren zu gehen. Jetzt fiel mir das erste Mal auf, welch ungeheure Güte und welche Ruhe er ausstrahlte.

In dieser Nacht träumte ich von einer wunderschönen Frau. Zunächst dachte ich, dass es wieder Emeralda sei, aber diesmal war sie es nicht. Die Frau trug eine Lotusblüte wie eine Krone auf dem Kopf und nannte sich die »Königin des Mitgefühls«. Am Morgen konnte ich mich zunächst an nichts erinnern, aber ich spürte, dass sich in mir etwas verändert hatte. Im Laufe des Tages kehrten dann die Erinnerungen an meinen Traum zurück. Offensichtlich hatte diese Königin des Mitgefühls während der Nacht mit mir gearbeitet. Ich war das erste Mal ruhig und gelassen und bereit, einfach abzuwarten, was passieren würde. Mein Besucher war wie gewöhnlich seit dem Morgen bei mir, spazierte durch den Garten, schwieg und tat ansonsten nichts. Langsam begann ich zu fühlen, was Geduld bedeutete. Früher hatte ich gedacht, dass Geduld mit Warten gleichzusetzen wäre. Aber die Fähigkeit, warten zu können, ist nur eine Wirkung von Geduld. Ich spürte, dass in mir ein interessanter Transformationsprozess begann. Mein Gefühlsspektrum schien sich zu erweitern, ohne dass ich wusste, wie dies geschah.

Auch in der folgenden Nacht arbeitete die Königin des Mitgefühls wieder mit mir. Wieder hatte ich am Morgen zunächst keine konkreten Erinnerungen daran, aber ich spürte Veränderungen in mir. Langsam ahnte ich, worauf dies abzielte: Ich sollte lernen, dass Geduld keine Eigenschaft, sondern ein Gefühl ist. Das war für mich völlig neu.

Es vergingen weitere Nächte, in denen die Königin des Mitgefühls mit mir arbeitete, und erneut konnte ich nicht erfassen, wie oft sie dies tat. Aber ich hatte das Gefühl, dass ich immer ruhiger wurde, wie ein Stein, der in einen tiefen See geworfen worden war: Unmittelbar nach dem Aufprall auf die Wasseroberfläche spritzt das Wasser und schlägt Wellen. Während an der Oberfläche des Sees die Wirkung noch sichtbar ist, sinkt der Stein bereits langsam und kontinuierlich tiefer. Der Stein »weiß« gar nicht mehr, was an der Oberfläche los ist, er sinkt einfach immer weiter nach unten. So lässt sich mein Gefühl umschreiben. Außerdem entwickelte sich in mir ein Gefühl von Ruhe und innerem Frieden. Langsam begann ich zu ahnen, was es bedeuten könnte, geduldig zu sein.

Es war kühl, und ich spürte noch den Tau der Nacht auf meinem Gesicht, als ich eines Tages von meinem Besucher geweckt wurde. Das war ungewöhnlich, denn für üblicherweise pflegte er, morgens im ersten Sonnenlicht zu sitzen. Diesmal war es noch dunkel, auch wenn sich schon erste Anzeichen der rosenfarbigen Morgenröte zeigten.

»Es ist so weit, folge mir«, forderte er mich auf.

Mir blieb nichts anderes übrig, als aufzuspringen und ohne lange nachzudenken hinter ihm herzulaufen. Er hatte einen erstaunlich forschen Schritt. Ich wollte ihn fragen, wohin wir gehen würden, aber im gleichen Moment wusste ich, dass ich keine Antwort erhalten würde und dass es auch keine Rolle spielte.

Schließlich standen wir vor einer dunklen Wand. Mein Begleiter trat zur Seite und meinte: »Jetzt liegt es an dir. Gehe den ersten Schritt des Mitgefühls.«

Ich sah mich um und bemerkte, dass es um mich herum dunkel geworden war.

»Was soll ich tun?«

»Einfach einen Schritt nach vorn, nur einen.«

Ich zögerte.

»Ich weiß, dass du keine Angst hast und du wissen willst, was hinter dieser Wand ist. Aber du liebst die Kontrolle immer noch zu sehr.«

Er hatte recht.

»Das Thema Kontrolle wirst du auch noch auflösen und bearbeiten können. Aber jetzt bist du hier!« Ich zögerte immer noch.

»Bist du bereit?«

Immer dieselbe Frage – doch ich machte einen Schritt nach vorn.

Ich war plötzlich umgeben von blauem und zartrosafarbenem Licht. Ich wurde getragen und bewegte mich, aber ich wusste nicht, wie. Nichts war real. Alles war Gefühl. Alle meine Sinne waren ausgeschaltet, ich fühlte nur, dass etwas mit mir passierte und dass dies voller Leichtigkeit und Liebe geschah. Das Licht wurde immer heller, und unversehens stand ich in einer großen Halle aus Gold. Die Wände, der Fußboden, die Einrichtung wie in einem Thronsaal – und alles war aus Gold. Und dann spürte ich ihre Anwesenheit, noch bevor ich sie sah. Ich war mir sofort sicher, dass sie es war. Jetzt stand ich vor ihr, vor der Königin des Mitgefühls.

»Tritt näher, und nimm Platz.«

Langsam machte ich ein paar Schritte nach vorn und setzte mich in einen prachtvollen goldenen Sessel. Er war weich und schmiegte sich vollkommen an meinen Körper an. Die Königin des Mitgefühls selbst saß auf einem großen Stuhl, eher einer Art Thron, der inmitten einer großen Lotusblüte stand. Hinter ihrem Thron ragten goldene Pfauenfedern empor. Außer uns war niemand im Raum, auch nicht mein weiser und schweigsamer Begleiter.

»Geduld«, sagte sie, »ist die Basis für Mitgefühl. In dem Moment, in dem du keine Geduld hast oder auch nur im Geringsten ungeduldig wirst, kannst du dich nicht mehr fühlen. Dein Ego dann hat die Kontrolle übernommen.«

»Ich weiß«, antwortete ich. »Leider!«

»Du hast dich entschieden, bedingungsloses Mitgefühl erfahren zu wollen. Wisse, du kannst dieses nicht erlernen, sondern nur erfahren. Deswegen mussten wir erst an deiner Fähigkeit, geduldig zu sein, arbeiten. Ich weiß, das war sehr schwierig für dich.« Ich nickte und fragte: »Muss ich mir jetzt alles gefallen lassen?«

»Siehst du, das ist der häufigste Grund, aus dem Menschen kein Mitgefühl zulassen wollen. Sie glauben, Mitgefühl zu zeigen, bedeutet, immer klein beizugeben, unterwürfig zu sein und sich schlecht behandeln und sich alles gefallen lassen zu müssen.«

»Das stimmt, und deswegen beginnen Menschen, für ihre Position zu kämpfen. Aber manchmal muss man das doch, oder nicht?«

»Wenn du weiterhin nach der Vorstellung leben willst, dass es Wahr und Falsch, Recht und Unrecht gibt, stimmt das.«

»Was könnte ich stattdessen tun?«

»Deine Vorstellung von dir und vom Umgang mit deinen Mitmenschen verändern.«

»Das klingt etwas theoretisch.«

»Mitgefühl ist eine Lebenseinstellung. Es entsteht in einem Prozess. Ich würde sogar sagen, je mehr Mitgefühl du entwickelst, desto klarer sagst du ›Ja‹ oder ›Nein‹.«

»Was ist dann das Neue daran?«

»Mitgefühl bedeutet, den Unterschied zu erkennen, ob du etwas möchtest oder nicht und ob du dich dementsprechend verhältst.«

»Aber das mache ich jetzt doch auch schon«, entgegnete ich etwas ratlos.

»Ja, das stimmt, aber je nachdem wie deine Entscheidung ausfällt, beginnst du zu bewerten. Bewertungen und Verurteilungen sind die größte Bremse des Mitgefühls. Sie sind die Wurzel aller Konflikte.«

Touché!

»Menschen wollen Mitgefühl verstehen und es erlernen, das geht aber nicht. Mitgefühl kannst du nur sein. Deswegen lautete der Auftrag an dich: ›Lerne zu sein.‹ Mitgefühl ist die Wirkung einer bestimmten Lebenshaltung. Ohne diese kann es kein Mitgefühl geben.«

Sie erhob sich von ihrem Thron und bat mich, aufzustehen und ihr zu folgen. Wir gingen zur anderen Seite des Raumes. Ihr Kleid in schillerndem Blau und Rosa funkelte und rauschte bei jeder Bewegung. Sie führte mich zu einer Liege und bat mich, mich auf den Rücken zu legen. Die Liege war sanft, weich und duftend, und ich fühlte mich augenblicklich geborgen.

»Ich werde jetzt meine Arbeit mit dir fortsetzen. Jeder Mensch besitzt einen Kristall in sich. Wenn dieser schwingt und mit dir in Resonanz ist, bist du mit deiner göttlichen Fähigkeit des Mitgefühls verbunden.«

»Wie kann denn ein Kristall schwingen?«

»Ist das wichtig?«

Sie hatte natürlich recht.

»Die meisten Menschen haben aufgrund von schlechten Erfahrungen und Verletzungen die Resonanz zu diesem Kristall des Mitgefühls verloren und die Schwingung gestoppt.«

»Wie ist das denn möglich?«, fragte ich etwas ungläubig.

»Alles ist möglich«, antwortete sie. »Nur weil du dich entschieden hast, dich zu erinnern, kann ich deinen Kristall wieder in Schwingung versetzen.«

»Dann haben alle Menschen die Möglichkeit dazu?«

»Alle, die sich erinnern möchten. Das ist das Geheimnis der Königin des Mitgefühls. Schließe deine Augen, und denke an einen der schönsten Momente in deinem Leben, an einen Augenblick völligen Glücks. Den Rest überlasse mir. Bist du bereit?«

Ich schloss die Augen.

Dann sah ich mich selbst in einem abscheulichen Tümpel liegen. Ich war über und über mit Dreck besudelt und konnte mich nicht bewegen. Nach einiger Zeit spürte ich, dass ich herausgehoben wurde. Aber zu meiner Verwunderung sah ich nicht meinen Körper, sondern einen riesigen Klumpen, über und über mit Dreck verkrustet, aus dem Tümpel nach oben schweben. Der Dreck tropfte herab, es war einfach widerwärtig. Dann sah ich zwei Hände, einfach nur zwei Hände, die in kurzem Abstand um den Klumpen herumgehalten wurden. Aus diesen Händen strömte farbiges Licht: kräftiges Blau und zartes Rosa. Langsam begann sich der Dreck von dem Klumpen zu lösen und abzufallen.

Während ich die Szene betrachtete, spannten sich in meinem Körper alle Muskeln an. Nach und nach wurde dies sehr schmerzhaft. Gleichzeitig beobachtete ich, wie der Klumpen immer sauberer wurde und ein wunderschöner klarer weißer Kristall zum Vorschein kam. Die Anspannung in meinem Körper wuchs weiter, dafür wurde der Kristall über mir immer klarer. Das Licht, das aus den Händen strahlte, bekam eine immer höhere Intensität. Jetzt geschah etwas Merkwürdiges: Der Kristall kam auf mich zu, bis er direkt über mir in der Luft zu schweben schien. Plötzlich fühlte ich einen harten Stoß in meinem Körper, wie wenn ein zu straff gespanntes Gummiseil reißt und nach hinten schnellt. Sofort hörten die Schmerzen in meinem Körper auf, und ich fühlte mich so wohl wie noch nie in meinem Leben. Der Kristall über mir strahlte unbeschreiblich schön. Langsam senkte sich der reine, strahlende Kristall nach unten, kam immer näher und versank schließlich in mir. Wir waren wieder vereint. Jetzt spürte ich in mir eine zarte sanfte Schwingung und hörte einen angenehmen Ton mit einer hohen Frequenz, die ich nicht beschreiben kann. Ich wusste, dass meine persönliche Schwingung, die Frequenz meines Mitgefühls wieder aktiviert worden war. Dann sah ich nur Licht. Ich wachte auf dem Schlafplatz in meinem Garten auf. Mein Besucher saß wie gewöhnlich in der Morgensonne. Er lächelte voller Stolz und Freude, dann verschwand er.

Kapitel V

er Prozess der Erinnerung ist in der Tat zu großen Teilen eine Integration von verloren gegangenen Fähigkeiten und Anteilen. Ich stimme Ihnen da völlig zu. Sicher haben Sie sich auch schon gefragt, wer der alte Mann, mein Begleiter, war, der immer wieder im Garten aufgetaucht ist. Als ich von der Königin des Mitgefühls zurückkehrte, sah ich ihn noch einmal kurz, bevor er endgültig verschwand. Auch er war wieder ein Produkt meiner Gedanken. Mir wurde nach einiger Zeit klar, dass ich mir so einen Menschen vorstelle, der in sich selbst ruht, der Geduld ausstrahlt und der voller Mitgefühl ist. Ähnlich wie bei Emeralda stellte ich erneut fest, dass meine Gedanken meine Realität erschaffen. Wie Sie sich vielleicht erinnern können, muss so etwas nicht notwendigerweise in einem Garten geschehen, es ist auch an anderen Orten möglich. Es hängt von Ihrer Entscheidung ab, welche Anteile Sie wieder integrieren wollen und an welche Zusammenhänge Sie sich erinnern möchten. Dazu senden Sie Ihre Absicht aus. Die Reise in die Erinnerung ist ein höchst individueller Prozess, und er verläuft bei jedem Menschen unterschiedlich.

Doch, ich glaube schon auch, dass es bestimmte Themen gibt, die wir mehr oder weniger alle bearbeiten sollten.

Was aus Emeralda geworden ist? Das war wirklich eine schmerzliche Erfahrung! Stellen Sie sich vor, ich hatte durch meine Gedanken genau die Frau erschaffen und in meine Realität gebracht, die ich mir immer gewünscht hatte. Dann verlor ich sie aus Angst, sie verlieren zu können. Ich muss Ihnen auch gestehen, dass mir bis zu diesem Zeitpunkt nicht klar war, welche Gefühle ich für Emeralda hegte. Dies wurde mir erst nach und nach bewusst. Wie sehr wir jemanden oder etwas lieben, fühlen wir oft erst durch den Verlust. Leider. Wie soll ich beschreiben, was ich für Emeralda empfand? Sie stellte für mich das dar, was ich mir von einer Frau in einer Beziehung wünschte. Aber gleichzeitig war sie ja nicht real. Durch die Öffnung meines Herzens für das Mitgefühl spürte ich ihren Verlust besonders intensiv. Die Heilung von diesem Schmerz geschah auf meiner Reise zur Erinnerung aber erst sehr spät. So weit sind wir noch nicht. Genau, wir sind beim Thema »die Geduld als Basis für Mitgefühl«, und deswegen muss ich Sie jetzt erst noch einmal um Geduld bitten. Das ist mir gar nicht aufgefallen, aber Sie haben völlig recht, es ist ein interessanter Zufall, dass ich Sie gerade jetzt um Geduld bitten muss.

Das Erlebnis mit dem Kristall, der mit Energie, die durch Hände floss, gereinigt wurde, war schon eine besondere Erfahrung. Ich vermute, dass es die Hände der Königin des Mitgefühls waren. Mit Sicherheit bestätigen kann ich dies jedoch nicht. Aber es spielt eigentlich auch keine Rolle. Wir Menschen möchten so etwas immer genau wissen. Aber was sich auf dieser Ebene abspielt, ist ohnehin jenseits der Logik des menschlichen Verstandes. Schließlich kommt es auf das Erlebnis und die Veränderung an. Ich kann Ihnen sagen, dass ich mich danach so wohl, zufrieden und glücklich fühlte wie noch nie in meinem Leben. Ich hatte ein völlig neues Körpergefühl, ich spürte keinerlei Schmerzen, Wehwehchen oder Verspannungen mehr. Viele Jahre lang hatte ich immer unter Schmerzen im unteren Rückenbereich gelitten, aber sie waren verschwunden. In gewisser Weise fühlte ich mich wie neugeboren, oder sagen wir lieber, ich hatte das Gefühl, als könnte ich meine Energie körperlich und mental völlig neu einsetzen. Zugegebenermaßen war es ein harter Entgiftungsprozess, aber er lohnte sich. Seither werde ich oft gefragt, was ich gemacht oder verändert habe, denn ganz offensichtlich hatte ich eine neue Ausstrahlung und Wirkung auf die Menschen. Im Garten folgte eine Phase der Ruhe und der Entspannung. Ja, Sie fragen zu Recht, aber ich muss diese Zeit als Phasen bezeichnen, denn

Zeit stimmt einfach nicht. Das ist für mich auch heute noch so. Natürlich vereinbare ich beruflich und privat Termine, ich reise und beachte Öffnungszeiten. Aber seit meiner Erinnerung geschehen merkwürdige Dinge. Ich bin immer pünktlich, meist sogar zu früh, obwohl ich das weder beabsichtige noch bewusst einplane. Dadurch empfinde ich so gut wie gar keinen Stress mehr. Es gibt ja eigentlich gar keinen Stress. Dies ist nur ein Resultat des Zeitdrucks wegen zu vieler Vorgaben und Zwänge. Nein, Sportsfreund – entschuldigen Sie die persönliche Anrede –, es ist Einbildung, dass es so viele Zwänge gibt, denen wir unterliegen. Ich verdiene auch mein Geld – übrigens seit meiner Erinnerung mehr denn je. Das hängt aber nur damit zusammen, dass ich diese Reise überhaupt gemacht habe.

Da muss ich Ihnen leider widersprechen, mehr Geld verdienen Sie nicht, indem Sie mehr arbeiten, sondern indem Sie Ihre innere Arbeit machen und Ihre Blockaden und Ängste auflösen. Nicht die Wirtschaft sorgt für Aufträge. Unsere Gedanken, unsere Emotionen und unsere Intentionen kreieren die Auftragslage. Die Wirtschaft ist nur das Medium, oder nennen wir es die Bühne, auf der das Ganze stattfindet und auf der die Prozesse und die Ergebnisse des Erschaffens sichtbar werden.

Erinnern Sie sich daran, was ich Ihnen über die Interdimensionalität, in der wir leben, erzählt habe? Wir haben die dreidimensionale und die interdimensionale Realität. In der Zeit sind diese beiden Realitäten verwoben. Die Erfahrungen, die wir in ihnen machen, sind nicht voneinander trennbar – mal sind wir hier und mal sind wir dort. Durch den Prozess der Erinnerung lernen Sie, beide Realitäten zu integrieren. Sie leben in einer Welt mit Terminen, Verbindlichkeiten und Notwendigkeiten. Nein, Zwänge gibt es in der Interdimensionalität nicht. Zwänge sind das Ergebnis von fehlendem Vertrauen und der Angst davor, nicht gut genug zu sein.

Gern gebe ich Ihnen dazu ein Beispiel. Da fällt mir ein, ich habe Sie noch gar nicht nach Ihrem Beruf gefragt. Unternehmer? Als Selbstständiger sind Sie sehr stark mit genau den Themen Termindruck, Stress und Verbindlichkeit verstrickt. Dabei spielen auch Ihre Ängste eine große Rolle.

Ach ja, das Beispiel: Einer Ihrer Kunden bestellt bei Ihnen etwas zu einem bestimmten Termin. Jetzt machen Sie die Planung, Sie kalkulieren und vergeben Arbeitsaufträge und tun alles, was dazugehört. Jetzt agieren Sie in der dreidimensionalen Welt. Der entscheidende Unterschied besteht nun darin, wie Sie die notwendigen Aufgaben erledigen. Es kann jetzt Stress aufkommen, weil Sie Angst davor haben, dass etwas nicht glattläuft, oder Sie begeben sich einfach in den Prozess und vertrauen darauf, dass sich alles richtig entwickeln wird. Natürlich dürfen und sollen Sie zwischendrin auch immer wieder überprüfen, ob Sie im Zeitplan liegen, und können gegebenenfalls etwas korrigieren. Aber anschließend begeben Sie sich wieder zurück in die Interdimensionalität.

Das Stichwort lautet Geduld. Dann kann Mitgefühl entstehen. Der Zusammenhang von Geduld und Mitgefühl ist wirklich sehr wichtig. Nur wenn Sie geduldig sind, können Sie sich in andere hineinversetzen und nachsichtig sein. Menschen haben immer einen Grund dafür, warum sie sind, wie sie sind. Ich gebe Ihnen recht, das klingt platt und pauschal. Bitte bedenken Sie aber, dass wir in den meisten Fällen die Zusammenhänge nicht kennen. Wenn Sie selbst unter Stress stehen, können Sie keine Geduld entwickeln und sich nicht daran erinnern, dass eine Situation vielleicht auch aus einem ganz anderen Blickwinkel gesehen werden könnte. Aus einer Haltung der Geduld heraus entwickeln Sie Mitgefühl. Das bedeutet nicht, dass Sie alles akzeptieren müssen.

Das ist der den Unterschied: Die Arbeit macht mehr Spaß, Ihre Mitarbeiter und Kollegen sind zufriedener, und Sie erzielen bessere Ergebnisse – und das auch noch schneller und ohne es zu beabsichtigen. Ich nenne dies: »die Zeit weben«. Wir glauben, Zeit läuft auf einer linearen Achse ab: Vergangenheit, Gegenwart, Zukunft. Was für eine ungesunde Vorstellung! Ich verspreche Ihnen, wenn Sie einmal gelernt haben, die Zeit zu weben, passt diese Linearität nicht mehr zu Ihrer Lebensweise. Zeit bedeutet »sein« – und zwar jetzt!

Ich hatte eine längere Phase der Ruhe und Entspannung. Es wurde mir ausreichend Zeit gegeben, mich zu erholen und die Erlebnisse zu verarbeiten. Ich war allein – um es mit Worten aus der normalen Realität zu beschreiben –, es waren keine anderen Menschen oder Tiere anwesend, zumindest keine für mich sichtbaren. Aber ich fühlte mich nie einsam. Es war wie zuvor für alles gesorgt, auf der physischen Ebene, aber auch sonst. Es war, als ob das Gefühl, allein zu sein, in der Realität, in der ich mich befand, nicht existieren würde.

Natürlich dachte ich in dieser Zeit viel über meine Erlebnisse und Veränderungen nach. Besonders beschäftigte mich der Gedanke, dass wir alle Teil Gottes sind. Nur ist Gott eben nicht sichtbar und als Mensch aus Fleisch und Blut anwesend, außer natürlich in uns selbst.

Sie werden lachen, ich konnte mir tatsächlich vorstellen, dass ich eines Tages wieder irgendeine Form von Energie wäre, die sich mit anderen Energien verbinden und mit diesen gemeinsam das Bewusstsein Gottes ergeben würde. Die Teile wären wieder zusammengefügt und ergäben so ein Ganzes.

Was ich allerdings nicht verstehen konnte, war, wo sich in mir beziehungsweise in uns allen in unserer dreidimensionalen Welt das Bewusstsein Gottes befinden sollte. Haben Sie sich schon einmal Gedanken darüber gemacht, wo in Ihnen Gott steckt? Es ist leicht zu sagen, dass wir alle Gott sind und ein göttliches Bewusstsein haben, aber wo befindet es sich? Kann man es sehen? Wahrscheinlich werden Sie überrascht sein über das, was ich Ihnen nun berichten werde.

Ich hatte im Garten geschlafen, als irgendetwas meine Aufmerksamkeit erregte und ich erwachte. Ich befand mich in einem Dämmerzustand und öffnete langsam die Augenlider. Auf der großen Wiese, die sich in der Mitte des Gartens erstreckte, leuchtete es. Zunächst maß ich dem keine Bedeutung bei, doch dann erkannte ich, dass das Leuchten von elektrischen Lichtern ausging. Langsam erhob ich mich, noch etwas schlaftrunken rieb ich mir die Augen, und dann war ich plötzlich hellwach. Zunächst dachte ich, dass es ein Flugzeug war, mit blinkenden Lichtern und Kabinenlicht, das durch die Fenster schien, nur die Tragflächen fehlten. Aber das leuchtende Objekt war eine runde Scheibe, etwa zehn Meter hoch. Es gab zwei Etagen. Aus der oberen drang helles Licht heraus, und ich sah durch ein großes Fenster etwas, was wie eine Brücke oder eine Kommandozentrale aussah. Darin bewegten sich Schatten, aber ich konnte keine Menschen ausmachen. Ich vermutete, dass es sich um eine dieser mysteriösen Flugscheiben handelte, aber natürlich hatte ich noch nie in meinem Leben eine gesehen. Neugierig ging ich auf das Objekt zu.

Plötzlich hörte ich ein eine tiefe, sonore, sehr angenehme Stimme aus einem Lautsprecher ertönen: »Bitte einsteigen.«

Da ich mich inzwischen über nichts mehr wunderte, machte ich mich auf den Weg. Auf einer Seite führten einige Stufen ins Innere. Ich ging hinauf, betrat die Flugscheibe, und langsam schloss sich die Tür hinter mir.

»Herzlich willkommen auf der Antares. Bitte setzen Sie sich, und schnallen Sie sich an. Die Gurte dazu finden Sie auf jedem Sessel.«

Ich nahm auf einem der Sessel Platz, schnallte mich an und spürte ein Beben. Ich hatte das Gefühl, dass die Flugscheibe begann, sich zu drehen. Dennoch fühlte ich keine Wirkung der Rotationsbewegung wie beispielsweise Schwindel. Es war ein sanftes

Beben, ich spürte nur, dass etwas passierte. Alles geschah völlig lautlos. Dann hoben wir ab, es musste eine sagenhafte Rotationsgeschwindigkeit gewesen sein. Doch gleich nach dem Abheben war es, als ob ich durch einen Vorhang hindurchgegangen wäre, und ich spürte gar nichts mehr.

Ich ging davon aus, dass die Rotationsgeschwindigkeit extrem hoch war, denn in der Mitte der Scheibe herrschte völlige Ruhe.

»Sie können die Gurte wieder lösen. Schauen Sie sich gern ein wenig bei uns um. Bei 277 Grad finden Sie einen Kühlschrank mit Getränken und etwas zu essen.«

»277 Grad?«, fragte ich.

»Die Antares ist rund«, erklang die Antwort aus dem Lautsprecher. »Daher kann ich Ihnen Positionen nur mit Gradzahlen angeben. Die gesamte Gradzahl einer Windrose in unserer Dimension beträgt 411 Grad. Im Moment blicken Sie ziemlich genau auf den Nullpunkt.«

Ich war beruhigt, dass ich offensichtlich mit der Besatzung der Antares kommunizieren konnte. Der Kühlschrank musste demnach irgendwo schräg hinter mir sein. Ich drehte mich um und sah eine blaue Tür. Der Kühlschrank war gefüllt mit Säften, Obst und Gemüse. Sonst nichts. Aber der Geschmack der Nahrung war wunderbar.

»Bitte entschuldigen Sie, aber wir dürfen Ihnen nur dieses Essen anbieten.«

»Danke, es schmeckt ausgezeichnet. Wo fliegen wir hin?«

»In eine andere Galaxie. Blicken Sie, während wir unterwegs sind, aus den Fenstern. So etwas sehen Sie vermutlich so schnell nicht mehr.«

»Werde ich denn nicht zurückgebracht?«, fragte ich dann doch etwas beunruhigt.

»Selbstverständlich. Doch wir glauben, dass Sie nicht oft die Gelegenheit haben werden, solch eine Reise zu unternehmen.«

»Warum?« Ich fühlte mich wohl an Bord.

»Es ist nur wenigen Menschen erlaubt, dort hinzukommen, wohin wir unterwegs sind. Außerdem ist es für uns technisch sehr anspruchsvoll, in das Energiefeld der Erde einzutreten und es auch wieder zu verlassen.«

»Was ist denn der Unterschied zwischen dem Energiefeld der Erde und dem anderer Planeten?«

»Planet Erde ist der einzige Planet in allen Galaxien, auf dem die Bewohner über einen freien Willen verfügen. Damit ist das Energiefeld sehr wechselhaft und vor allem instabil, weil es davon abhängig ist, was die Menschen gerade denken und fühlen. Wenn beispielsweise auf der Erde große Trauer oder Angst herrscht und wir in diesem Moment in das Feld der Erde eintreten, würden wir sofort abstürzen. Deswegen können wir nur an Orten landen und wieder aufsteigen, an denen eine sehr reine Energie herrscht. Sie haben auf Ihrer bisherigen Reise eine große persönliche Entwicklung gemacht. Deswegen konnte die Antares ohne größere Schwierigkeiten in Ihrer Nähe landen.«

»Danke. Mit wem spreche ich eigentlich?«

»Ich bin der Kommandant der Antares. Jetzt genießen Sie die Reise, und vor allem, blicken Sie aus dem Fenster.«

»Wie lange werden wir unterwegs sein?«

Ich bekam keine Antwort mehr.

Der gesamte kreisförmige Raum war durchgehend mit Fenstern versehen, und vor jedem stand ein Sessel. Ich nahm Platz und genoss die Bequemlichkeit. Was ich erblickte, war atemberaubend. Ich sah Sterne und Planeten, manche von ihnen hatten Ringe wie der Saturn, sie waren einzeln, in Gruppen oder dicht aneinandergedrängt. Durch all dies flogen wir mit einer hohen

Geschwindigkeit hindurch, und wie durch ein Wunder kollidierten wir nicht mit einem Planeten. Wir flogen, rasten dahin. Ich konnte in die Tiefe sehen, mein Blick hatte kein Ende. Ich hatte eine unglaubliche Sehschärfe und das Gefühl, in die Unendlichkeit blicken zu können. Nach allem, was ich bisher an Erfahrungen und Emotionen erlebt hatte, war dies ein besonders tief greifendes Erlebnis. Ich war Teil der Unendlichkeit. Ich spürte, dass ich Teil des Alls war. Ich war ich, und ich war alles, und alles war ich, und alles war alles. Noch nie in meinem Leben hatte ich solch eine Einheit gespürt.

»Gehen Sie bitte zum Fenster gegenüber. Dort können Sie sehen, wohin wir fliegen.«

Die Scheibe drehte sich offensichtlich so schnell um sich selbst, dass ich die Rotationen körperlich nicht wahrnehmen konnte. Es fühlte sich wie ein sanfter Gleitflug an. Merkwürdigerweise hörte ich keine Geräusche von Triebwerken oder Motoren. Ich wechselte den Platz. Vorher hatte ich in die Tiefe des Alls geschaut, nun blickte ich auf riesige leuchtende Kugeln. Als sich meine Augen an das Licht und die Aussicht gewöhnt hatten, erkannte ich, dass ich bewohnte Planeten sah. Die Lichter von riesigen Zivilisationen blinkten mir entgegen. Ich zählte die Planten vor mir, es waren sieben. Mit hoher Geschwindigkeit flogen wir auf sie zu. Aus den Fenstern an den Seiten konnte ich beobachten, wie wir zwischen den anderen Sternen und Planeten hindurchrasten.

»Warum kollidieren wir nicht mit den anderen Planeten?«

»Jedes Licht, das Sie sehen – Sie nennen es Planet oder Stern, wir sagen dazu Einheit – verfügt über ein individuelles konstantes Energiefeld, das uns bekannt ist. Daher werden wir zwischen diesen Feldern hindurchgeschleust. Sie können sich das vorstellen wie Puffer, die uns von Kollisionen abhalten. Wir programmieren den Kurs, und dadurch fliegen wir durch die Korridore zwischen den Energiefeldern hindurch. Deswegen ist die Einheit Erde für uns schwierig, weil wir das Energiefeld erst, wenn wir uns ihm nähern, ermitteln und berechnen können.«

»Verstehe«, sagte ich, auch wenn es mir noch nicht ganz klar war. »Zu welcher Einheit fliegen wir?«

»Nummer 7 in diesem System.«

Wir kamen immer näher an einen Planeten heran, und ich blickte auf eine riesige Fläche Licht. Dann sah ich, dass es innerhalb dieses Lichts Strukturen gab. Manche Lichter waren heller, andere dunkler, es war ein Blinken, Funkeln und Leuchten. Ich blickte auf einen Teppich aus Lichtern, in den die herrlichsten Muster und Farben eingewebt waren. Je näher wir kamen, desto schöner wurde es.

»Schnallen Sie sich bitte wieder an. Sie können auf diesem Sessel sitzen bleiben. Wir beginnen mit der Landung. Genießen Sie diesen Moment. Es wird für Sie unvergesslich sein, das erste Mal hierherzukommen.«

Durch das Fenster beobachtete ich, wie wir näher kamen. Allmählich erkannte ich die Bewegungen von Fahrzeugen und konnte Häuser, Gebäude und freie Flächen ausmachen. Einheit 7 hatte äußerlich große Ähnlichkeit mit der Erde. Ich war gespannt, was mich erwartete.

Schließlich konnte ich in der Mitte einer großen dunklen Fläche ein hohes Gebäude erkennen, das musste so eine Art Flughafen sein. Es gab Ähnlichkeiten mit mir bekannten Flughäfen, aber irgendwie wirkte es anders. Dann schossen wir plötzlich in einen Tunnel hinein, und wir verloren rasch an Geschwindigkeit.

»Seien Sie bitte beruhigt. Für jeden Anflug auf eine Einheit gibt es einen solchen Bremstunnel, der unsere Flugenergie und alle anderen Systeme auf die jeweilige Einheit abstimmt und uns integriert.«

Wir flogen langsam weiter durch den Tunnel, und ich spürte, wie sich die Energie im Raum veränderte. Es fühlte sich auf einmal alles sehr leicht an, dann verließen wir den Tunnel, und ich sah einen Flughafen aus reinem Licht. Die Gebäude bestanden alle aus Licht. Ich konnte kein Haus im herkömmlichen Sinn erkennen. Alles war Licht.

»Wir landen auf Lambda 7.« Dann setzten wir auf.

»Herzlich willkommen. Bitte gehen Sie zur Tür auf 44 Grad. Öffnen Sie die Tür, in dem angrenzenden Raum finden Sie eine Liege. Bitte legen Sie sich darauf, und schließen Sie die Augen. Wir müssen erst Ihr System von Einheit Erde auf das System der Einheit hier kalibrieren.«

Ich ging zur Tür, betrat den Raum, legte mich auf die Liege, schloss die Augen und fühlte mich schwerelos.

KAPITEL VI

*W*as Sie gerade gesagt haben, finde ich spannend. Sie halten meine Science-Fiction-Story für glaubwürdiger als die anderen Erlebnisse, von denen ich Ihnen erzählt habe? Nicht glaubwürdiger, sondern nachvollziehbar – jetzt verstehe ich den Unterschied. Vielleicht sind Sie mit diesem Genre vertrauter als mit Fantasy? Überhaupt nicht? Lesen Sie Bücher? Da fällt mir ein, ich habe Sie noch gar nicht gefragt, was Sie arbeiten. Selbstständig, das sagten Sie bereits – aber in welcher Branche? Physiker? Dann sind Sie ja ein Spezialist für die linke Hirnhälfte. Ich muss wirklich zugeben, ich bewundere Ihren Mut, sich das alles anzuhören. Sie hatten schon einmal ein ähnliches Erlebnis? Eine außerkörperliche Erfahrung? Das finde ich sehr interessant; und seitdem glauben Sie nicht mehr an Zufälle? Erzählen Sie mal, jetzt höre ich Ihnen zu.

Vielen Dank für Ihre Offenheit, denn ich habe mich natürlich auch gefragt, warum ausgerechnet Sie neben mir sitzen und wir uns unterhalten. Aber da ich weiß, dass sich bestimmte Dinge ohnehin nicht logisch erklären lassen, warte ich zunächst immer ab, und die Zusammenhänge zeigen sich irgendwann. Wann fanden diese Ereignisse statt, von denen Sie mir gerade berichtet haben? Das ist ja wirklich noch gar nicht so lange her, und danach fassten Sie den Entschluss, mehr wissen zu wollen? »Auf den Prüfstand stellen« nennen Sie dies – das kommt vom Wissenschaftler in Ihnen. Bestimmte Ereignisse geschehen, und dann ist man einfach in einer Entwicklungsspirale. Aber denken Sie daran, wir haben diese Ereignisse erschaffen. Sie haben unsere Begegnung heute erschaffen. Warum? Nun, Sie haben zwei wichtige Grundlagen dafür erfüllt: Sie waren dazu bereit, und Sie sendeten die Absicht aus, mehr wissen zu wollen. Ob wir uns persönlich weiterentwickeln, hängt nicht von unserem Beruf, unserer Einstellung oder unserer Bildung ab. Auch nicht davon, ob wir gelernt haben, logisch oder intuitiv zu handeln. Das sind ja ohnehin alles nur Beschreibungen. In dem Moment, in dem wir diese beiden Bedingungen erfüllen, beginnt der Prozess der Entwicklung, und dann können wir nur noch zuschauen und staunen.

Das habe ich noch gar nicht gewusst. Aber jetzt, nachdem Sie dies erzählt haben, wird es mir klar. Das ist ja eine hochinteressante Sichtweise auf die Verbindung zwischen Gott und den Naturwissenschaften. Und was glauben Sie, warum sich so viele Physiker irgendwann so intensiv mit den Themen Frieden und Gott beschäftigen?
Sie behaupten, Quantenphysiker seien Friedensforscher. Das stimmt, dafür gibt es eine Reihe von prominenten Beispielen. Einerseits beschäftigen Physiker sich mit Technologien, die Unglaubliches ermöglichen, aber andererseits auch enorme Gefahren für die Menschen darstellen. Gleichzeitig entdecken sie Zusammenhänge, die sich eigentlich nicht wirklich erklären, aber sich auch nicht leugnen lassen, weil sie eben im Versuch sichtbar geworden sind. Jetzt gibt es ein Problem, weil das, was sich gezeigt hat, eigentlich nicht sein kann, aber auch nicht geleugnet werden kann. Das ist der Zwiespalt der Physik. »Du sprichst ein großes Wort gelassen aus.« Ja, Goethe, »Iphigenie auf Tauris«. Sie kennen die Klassiker, das gefällt mir. Jetzt erstaunen Sie mich wirklich. Es gibt etwas, was schneller ist als Licht? Sie als Physiker haben den Mut, das zu sagen? Das würde die gesamte Relativitätstheorie auf den Kopf stellen. Ja, und was soll das sein? Bewusstsein? Ich muss zugeben, jetzt bin ich sprachlos. Habe ich das richtig verstanden, Sie behaupten Folgendes: Bewusstsein ist schneller als Licht. Nein? Was dann? Im Bewusstsein gibt es keinen Zeitunterschied mehr, es existiert nur die völlige Zeitgleichheit. Wenn das stimmt, würde das unser gesamtes physikalisches, religiöses und philosophisches Weltbild revolutionieren. Sie

haben recht, jetzt ermahnen Sie mich zu Geduld. Gut, ich verspreche Ihnen, ich werde aufmerksam verfolgen, was in den nächsten Jahren geschieht. In der Physik wird zukünftig der Zusammenhang von Materie, Energie und Bewusstsein diskutiert werden. Und irgendwo zwischendrin ist Gott. Glauben Sie an den Urknall? Sie müssen dies, weil es die offizielle Lehrmeinung ist? Das ist ja lustig. Und was glauben Sie tatsächlich? Das wollen Sie nicht sagen. Interessant.

Sie haben ausgesendet, Gott finden zu wollen. Das ergibt Sinn, deswegen treten Sie die Reise der Erinnerung an. Für mich war der schwierigste Schritt, mein neues Wissen in mein emotionales Spektrum zu integrieren. Irgendwann hatte ich das Wissen, dass ich ein Teil Gottes war. Aber ich fühlte es noch nicht. »Ich bin Gott«, das war ein Satz, der viele Ängste und Zweifel in mir auslöste. Geduld, mein Lieber, das Gefühl, Gott zu sein, verinnerlichte ich erst ganz zum Schluss meiner Erinnerungsreise. Rückblickend kann ich sagen, dass es sogar ganz einfach war, aber hinterher ist man ja immer schlauer. Doch zunächst muss ich Ihnen noch erzählen, was ich auf Lambda 7 erlebte.

Ich lag auf der Liege, um mein Energiefeld für dieses System kalibrieren zu lassen. Leise öffnete sich die Tür, und durch die Augenwinkel sah ich eine Person hereinkommen. Ich konnte nur wenig erkennen, weil der Raum abgedunkelt war.

»Ich werde jetzt das Licht im Raum etwas heller machen«, sagte eine weibliche Stimme, die mir bekannt vorkam. Es wurde heller, und ich blinzelte ein wenig, um mich an die Helligkeit zu gewöhnen. Dann sah ich sie vor mir.

»Emeralda! Du bist nicht tot?«

»Nein«, sagte sie lachend. »Warum sollte ich tot sein?«

»Weil dich das Ungeheuer so grausam zermahlen hat.«

»Das Ungeheuer war nur eine Illusion, die durch deine Ängste erschaffen worden war.«

»Aber ...«

»Das Ungeheuer hatte mich gefressen, bevor du deine Ängste besiegt hast.« Sie lachte herzlich. »Aber das war alles nicht real, sondern nur das Resultat deiner Gedanken und Emotionen.«

»Also bist du auch nicht real?«, fragte ich etwas verstört.

»Genau, du hast mich erschaffen. Ich bin dein Wunschbild. Bei unserer ersten Begegnung im Flugzeug habe ich dir gesagt, dass ich immer bei dir bin und dich unterstützen werde. Deswegen bin ich hier.«

»Wirst du von hier mit mir zurück zur Erde kommen?«

»Nein.«

Ich spürte einen Schmerz in der Magengegend und schwieg. Emeralda wartete geduldig. Irgendetwas in mir war passiert, aber ich konnte nicht sagen, was. Langsam setzte ich mich auf und stieg von der Liege hinunter. Ich war unsicher, ob ich Emeralda umarmen dürfte oder ob es besser wäre, ihr die Hand zu geben. Ich entschied mich, gar nichts zu tun, und stellte damit eine Distanz her, die ich eigentlich gar nicht wollte, aber ich konnte nicht anders.

»Was ist Lambda 7?«, fragte ich, um die Situation zu entspannen.

»Der Planet des Lichts. Du wirst hier eine Welt sehen, die äußerlich deiner Realität auf Planet Erde sehr ähnlich ist. Aber es gibt keine Materie, alles besteht aus Licht.«

»Warum bin ich hier?«

»Wir sind hier auf einer der vollkommensten Zivilisationen innerhalb des unendlichen göttlichen Bewusstseins. Hier herrscht eine sehr hohe reine Energie. Lass dich überraschen.«

»Was ist deine Aufgabe hier?«

»Ich bin nur hier, solange du auch hier bist. Ich bin als Adjutantin des galaktischen Rats für deine persönliche Unterstützung abgestellt worden.«

»Emeralda, ich verstehe überhaupt nichts. Wie bist du hierhergekommen? Wohin gehst du, wenn ich Lambda 7 verlasse?«
Ich war völlig verwirrt.
»Das kannst du noch nicht verstehen. Ich bin immer bei dir, aber nicht immer bei dir. Du wirst dich erinnern. Jetzt müssen wir gehen.«
Hilflos schüttelte ich den Kopf und wollte noch etwas sagen. Es sah wirklich so ähnlich aus wie auf der Erde, aber alles strahlte, war hell, klar und rein. Emeralda öffnete die Tür, und wir standen vor einem Fahrstuhl, dessen Tür sich sofort öffnete. Sie trat hinein, ich zögerte.
»Komm, wir müssen los.«
»Gibt es diesen Fahrstuhl wirklich? Das ist ja alles Licht.«
»Immer noch Angst? Es wird Zeit für etwas mehr Vertrauen. Einen Schritt ...«
Ich wagte es und befand mich sofort in einem unglaublichen Zustand. Ich schien zu schweben, und es breitete sich ein Gefühl von Sicherheit und Geborgenheit in mir aus. Dann öffnete sich die Fahrstuhltür wieder, und wir stiegen aus.
»Sind wir jetzt nach oben oder nach unten gefahren?«, fragte ich.
»Solche Kategorien gibt es hier nicht. Wir leben hier ohne Dimensionen. Hier gibt es nur Licht.«
»Aha ...«
Wir betraten eine Straße, sie sah eigentlich ganz normal aus, nur bestand sie aus Licht. Es gab Geschäfte und Menschen, die umhergingen, aber keine Autos, es war wie in einer unübersehbar großen Fußgängerzone.
»Geht ihr hier nur zu Fuß. Ich sehe keine Busse, Autos oder Fahrräder.«
»Normalerweise können wir uns auf diesem Planeten durch die Kraft unserer Gedanken dorthin bewegen, wohin wir möchten.

Manchmal laufen wir, weil es schön ist, anderen zu begegnen, und wir genießen die Langsamkeit und Ruhe. Aber notwendig ist es nicht.«

»Warum laufen wir?«

»Weil du einen Eindruck davon bekommen sollst, wo du bist. Genieße die Energie und das, was du siehst und spürst, denn wir sind gleich da.«

Als ich begann, mich auf meine Umgebung zu konzentrieren, bemerkte ich tatsächlich seltsame Veränderungen in mir. Ich war erfüllt von unglaublichem Frieden und Glück. Es war alles vollkommen, und ich wollte, dass es immer so blieb.

Emeralda blieb stehen und deutete geradeaus. »Hier ist es.«

Ich blickte auf eine Mischung aus Schloss, Villa und Palast. Das Gebäude hatte eine lange Fassade, es gab Kuppeln, kleine Türme und Erker. Alles, einfach alles, bestand aus reinem Licht, es schien fast eine Illusion zu sein; gleichzeitig strahlte das Gebäude eine unglaubliche Kraft und Schönheit aus.

»Was ist das?«

»Der Sitz des galaktischen Rats dieses Energiesystems.«

»Welches Systems?«

»Lambda 7. Wir haben hier nicht eure Kategorien, sondern bei uns gibt es nur Energie, Systeme und Bewusstsein.«

Wir gingen einige Stufen hinauf und betraten das Gebäude. In diesem Moment wurde ich buchstäblich von Licht verschlungen. Dieses Gefühl war unglaublich angenehm und schön, aber ich erinnere mich nicht daran, was sonst noch geschah. Dann stand ich vor einer Tür, blickte mich um und bemerkte, dass Emeralda verschwunden war.

Die Tür öffnete sich. Ich betrat den dahinter liegenden Raum, dieser war hell, klar und lichtdurchflutet. Vor mir war eine Sitzgruppe mit einem Tisch, auf dem Getränke standen. Alles aus

Licht – wirklich und unwirklich zugleich! Etwas ratlos blickte ich umher, ging zu einem Sessel und wollte mich setzen.

»Ich danke Ihnen, dass Sie gekommen sind.«

Ich sah mich um, war aber allein. Plötzlich trat aus der Wand mir gegenüber eine Gestalt heraus.

»Entschuldigen Sie bitte«, sagte diese mit einem Lächeln, »die Türen haben wir eigentlich nur für Sie gemacht, sozusagen als Anpassung an Ihren Heimatplaneten. Normalerweise haben wir so etwas hier nicht.«

»Vielen Dank … sehr freundlich«, stotterte ich etwas verdutzt.

»Warum werde ich denn hier mit ›Sie‹ angesprochen, das ist mir sonst auf meiner ganzen Reise noch nicht passiert.«

Ich hatte keine Ahnung, wer die Person war, mit der ich sprach, und was der Mann von meiner Reise überhaupt wusste.

»Ja, das wissen wir. Auf Lambda 7 kommunizieren wir üblicherweise direkt telepathisch und übermitteln auf diese Weise unsere Emotionen, Gedanken, Wünsche und Ideen. Wir haben hier keine Anrede, sondern sind immer in direktem Kontakt zueinander. Zur Anrede unserer Gäste wählen wir stets die auf ihrem Heimatplaneten übliche höflichste Anspracheform.« Er lächelte, und wir setzten uns.

»Sie sind hierhergekommen, weil es Sie interessiert, wie das große Projekt funktioniert.«

»Na ja«, entgegnete ich, »eigentlich bin ich hier, weil ich dazu aufgefordert wurde, in ein Raumschiff einzusteigen.«

Mein Gesprächspartner lächelte.

»Es ist umgekehrt. Bitte entschuldigen Sie, dass ich Ihnen widerspreche. Sie haben die Absicht ausgesendet, mehr wissen zu wollen, und deswegen traten die entsprechenden Umstände ein, die dies möglich gemacht haben.«

»Sie haben recht, irgendwie habe ich das immer noch nicht verstanden.«

»Ich habe mich noch gar nicht vorgestellt. Mein Name ist Oom´aa, und ich habe die Ehre, dem galaktischen Rat von Lambda 7 vorzustehen. Ich bin Ihr Gastgeber. Sind Sie bereit?«

Schon wieder diese Frage. Ich nickte.

»Dann bitte ich Sie, mir zu folgen.« Er stand auf, ging einige Schritte und verschwand in der Wand aus Licht. Ich folgte ihm, ohne zu zögern.

Jenseits von Entfernung und Zeit fand ich mich in einem überdimensional großen Raum voller technischer Geräte wieder. Unzählige Bildschirme mit blickenden Lichtern hingen an den Wänden. In der Mitte des Raumes befanden sich Pulte, an denen ich Lichtwesen sitzen sah, die Menschen ähnelten. Sie blickten aufmerksam auf die Monitore und Lichter. Von Zeit zu Zeit tippten sie etwas auf den Tastaturen, bewegten Hebel oder bedienten Regler. Ich hatte nicht die geringste Ahnung, warum sie dies taten. Dann bemerkte ich Oom´aa, der neben mir stand.

»Hier ist eines der Zentren für das Dualitätsprojekt. Was Sie hier sehen, ist eigentlich nicht real im Sinne der Dreidimensionalität, die Sie von der Erde kennen. Aber damit Sie als unser geschätzter Gast eine Vorstellung davon bekommen, wie das Projekt funktioniert, haben wir versucht, eine Darstellungsform zu finden, die Ihrem Verständnis nahekommt. Eigentlich ist hier wie überall bei uns alles aus Licht und Energie. Wir haben dort hinten eine Sitzecke vorbereitet, in der wir uns in Ruhe unterhalten können.«

Sprachlos folgte ich ihm. Die Lichter, Bildschirme und Kontrollpaneele faszinierten mich, und ich versuchte, etwas zu erkennen. Aber außer blinkenden Lichtern sah ich nichts. Als wir uns gesetzt hatten, schwiegen wir noch einige Zeit, und ich konnte mich in Ruhe umsehen.

»Was möchten Sie wissen?«, fragte Oom´aa.

»Ich vermute, Sie sind über den Verlauf meiner bisherigen Reise informiert, und deswegen muss ich Ihnen nicht erzählen, was mir alles widerfahren ist.«

Er lächelte und nickte.

»Ich habe verstanden, wie das Dualitätsexperiment funktioniert. Aber das ist mir zu theoretisch. Ich möchte verstehen, wie die Dinge miteinander verbunden sind. Was bedeutet es, Teil des göttlichen Bewusstseins zu sein?«

Oom´aa schwieg eine Weile, bevor er zu sprechen begann: »Wir sind hier in einem der Operationszentren des Dualitätsprojektes. Insgesamt gibt es sieben verschiedene, die in der Gesamtheit des göttlichen Bewusstseins verteilt sind. Vielleicht das Wichtigste vorweg: Hier wird nicht kontrolliert oder gesteuert. Es wird nur eingegriffen, wenn es signifikante Abweichungen vom Lebensplan gibt.«

»Sind hier die Engel, Schutzengel und Erzengel beheimatet?«, fragte ich neugierig.

»Nein, diese stellen ihr eigenes System innerhalb des göttlichen Bewusstseins dar. Wir agieren hier nicht, wir überblicken das gesamte System, analysieren Potenziale und vernetzen diese miteinander.«

»Sozusagen ein spiritueller Supercomputer.«

»Vielleicht könnte man es in Ihrer Sprache so formulieren. Ich würde es eher so beschreiben: Wir sind die Stelle, an der alle Energien, Wünsche und Absichten eingehen und gesammelt werden – die positiven wie die negativen. Ich nenne Ihnen ein Beispiel, wie Sie es auf Ihrem Heimatplaneten finden können: Bei Ihnen gibt es immer mehr Menschen, die den Wunsch haben, mit Engeln zu kommunizieren und mit ihnen in Kontakt zu treten. Dadurch entsteht ein großes spirituelles Entwicklungspotenzial, ein Bewusstsein. Jetzt versuchen wir, die Menschen in

Kontakt zu bringen, die zum Beispiel Seminare besuchen, oder wir finden Möglichkeiten, die Entwicklung der Menschen, die diese Absicht ausgesendet haben, zu fördern.«

»Auf der Erde geschehen dann sogenannte Zufälle, und der Grund dafür besteht darin, dass hier bei Ihnen verschiedene Absichten als Wünsche und Angebote eingetroffen sind?«, fragte ich staunend.

»So lässt es sich beschreiben. Allerdings, das muss ich nochmals betonen, haben wir für Sie hier ein Abbild Ihrer dreidimensionalen Welt erschaffen, damit Sie besser verstehen können, wie das Ganze funktioniert. Aber Lambda 7 besteht wie die anderen Operationssysteme eigentlich nur aus Licht und Bewusstsein. Auf der Erde nennen Sie so etwas am ehesten Quantenbewusstsein. Hier ist alles Energie und miteinander verbunden, aber wir mussten einen Weg finden, Ihnen das bildlich dazustellen.«

»Das habe ich verstanden. Aber woher wissen Sie, wer welches Potenzial hat und wer mit wem in Verbindung gebracht werden sollte?«

»Das ist die entscheidende Frage, und genau aus diesem Grund muss es die sieben ›Operator-Planeten‹ geben. Sie sind einem Ruf gefolgt, als sie auf die Erde gekommen sind. Innerhalb des unendlichen Bewusstseins Gottes waren Aufgaben zu vergeben, und für diese konnte man sich melden. Wenn Sie auf den Planeten Erde gehen, bekommen Sie bestimmte Aufgaben, die erfüllt werden sollen. Ob Sie dies tatsächlich tun, und vor allem wie sie das bewerkstelligen, bleibt ganz Ihnen überlassen. Das ist der freie Wille.«

»Und was geschieht mit diesen Vereinbarungen?«

»Jetzt kommen wir zu den Funktionen von Lambda 7 und den anderen Planeten. Diese Lebenspläne werden hier gespeichert und verwaltet. Wenn nun von anderen Menschen Absichte geäußert werden, können wir sehen, mit welchen Lebensplänen diese in Resonanz sind, das heißt, feststellen, wo es Übereinstimmungen oder Möglichkeiten zur Verknüpfung der verschiedenen Pläne gibt. Was Sie hier sehen, ist ein kleiner Teil von Gottes Bewusstsein. Tatsächlich ist alles nur Energie, die sich als Licht zeigt, und diesem Licht wohnt das Bewusstsein Gottes inne.«

Ich schwieg einen Moment, um nachzudenken, und betrachtete dabei die leuchtenden Bildschirme um mich herum. »Wenn ich es richtig verstanden habe«, begann ich etwas zögernd, »hängt dieses Bewusstsein von der Entwicklung der Menschen auf der Erde ab.«

»Ja, das ist richtig. Wir sind hier in einer vielleicht für Sie etwas merkwürdigen Rolle. Wenn sich auf der Erde das Potenzial für Krieg entwickelt, müssen wir alle Pläne, die dieses Potenzial haben, in Resonanz bringen. Gleichzeitig suchen wir nach allen Plänen, die Frieden, Licht, Liebe fördern, und setzen diese ebenso zueinander in Resonanz. Was die Einzelnen dann tun, können wir nicht beeinflussen.«

»All das, was Sie hier für mich vorbereitet haben – die Monitore und blinkenden Lichter – zeigt, was gerade auf der Erde los ist? Faszinierend!«

Oom´aa nickte schweigend. »Im Moment«, unterbrach er nach einiger Zeit das Schweigen, »findet in Ihrer Dimension eine starke Entwicklung statt. Menschen bezeichnen diese vielleicht sogar als Schlacht. Natürlich sind die individuellen Pläne in vielen Bereichen aufeinander abgestimmt. Gerade erlebt die Erde eine Zeit, in der viel Licht und Schatten aufeinandertreffen. Integrität und Wahrheit bekommen eine immer größere Bedeutung, Verborgenes wird enthüllt, Unehrlichkeit und Neid lassen sich nicht mehr verstecken. Die Zeit der Klarheit beginnt, denn nach und nach kommt alles, was nicht dem Prinzip der Liebe folgt, ans

Licht. Die Schatten des Betrugs werden entlarvt. Das hat viele Enttäuschungen zur Folge, weil sich zeigt, dass es Menschen oder Institutionen gibt, die nicht das sind, was sie zu sein vorgeben. Deswegen verlieren viele Menschen gerade die Orientierung. Aber ich muss Ihnen noch einen zweiten Aspekt erläutern.«

Ich holte tief Luft. »Da bin ich jetzt sehr gespannt.«

»Bisher kennen Sie nur den Teil, in dem Sie Ihre Aufgabe im Rahmen des Dualitätsprojektes erfüllen sollen«, fuhr Oom´aa fort. »Aber es gibt noch einen zweiten Teil, den Sie festlegen, bevor Sie auf die Erde kommen.«

»Interessant, und was ist dieser zweite Teil?«

»Sie legen Ihr Wachstumspotenzial fest. Das bedeutet, Sie entscheiden beispielsweise, dass Sie die Themen Mitgefühl und Vergebung besonders intensiv lernen möchten. Dadurch verändern sich die Potenziale auf der Erde, und Sie tragen zum Wachstum des göttlichen Bewusstseins bei.«

»Das bedeutet, die Dinge, die mir im Leben am schwersten fallen und die sozusagen meine schlimmsten Erfahrungen sind, haben den Zweck, dass ich lerne, was ich als Wachstumspotenzial geplant hatte.«

»Genau so ist es.«

»Natürlich vergesse ich auch diese Themen, wenn ich als Mensch auf die Erde komme.«

»Genau so ist es.«

»Ein wichtiger Teil meiner Reise zur Erinnerung ist es, mich wieder zu entsinnen, welche Aufgaben ich übernommen habe und welche persönlichen Entwicklungsschritte ich machen muss.«

»Genau so ist es.«

»Ich bin etwas schockiert, dass es so einfach sein soll. Aber eines verstehe ich wirklich nicht. Warum muss ich das alles vergessen, wenn ich auf die Erde komme?«

»Weil sonst die Dualität nicht funktionieren würde. Wenn Sie einen Ertrinkenden im Wasser sehen und Sie wissen, dass er gar nicht ertrinken wird, werden Sie ihn nicht retten. Die Dualität funktioniert nur durch das Vergessen und das ›Sich-wieder-Erinnern‹.«

»Das ergibt leider Sinn«, entgegnete ich.

»Sie wollten wissen, wie die Zusammenhänge funktionieren. Sind Sie jetzt zufrieden?«

»Ja, ich habe viel verstanden. Nur kann ich es immer noch nicht fühlen. Ich möchte erleben, wie es sich anfühlt, Teil dieses göttlichen Bewusstseins zu sein.«

Oom´aa schwieg, und ich konnte ihm ansehen, dass ihm die Antwort nicht leichtfiel. »Ich fühle das und verstehe Sie. Doch es ist uns nicht erlaubt, Ihnen dies zu ermöglichen. Allerdings darf ich Ihnen jetzt schon sagen, dass dies zu erleben auch Teil Ihrer Reise sein wird. Aber es wird sich erst am Ende ereignen.«

»Als Happy End sozusagen.«

»Wenn Sie so wollen …«

Oom´aa erhob sich. »Sie sind ziemlich erschöpft, denn Sie halten sich schon sehr lange in unserer Energie auf. Auch wenn wir Sie kalibriert haben, ist es für Sie dennoch anstrengend. Daher sieht unser Programm für Sie nun eine Pause vor. In dieser Zeit können die Informationen auf allen Ebenen in Ihr System integriert werden.«

»Wir sehen uns morgen wieder?«

»Wir haben hier keine Zeit, wir sind Energie, und was geschieht, das geschieht. Folgen Sie mir bitte.« Er trat einen Schritt nach vorn und verschwand in der Wand des Kontrollzentrums. Ich folgte ihm.

Kapitel VII

❧

ie es sich anfühlt, durch eine Wand aus Licht zu gehen? Schwer zu beschreiben. Eigentlich fühlen Sie gar nichts, Sie sind einfach nur. Sie gehen von einem Moment in den anderen über. Dies findet wirklich vollständig ohne Zeit statt. Wenn Sie das Konzept von Zeit nicht haben, verlieren Sie auch sofort das Empfinden dafür. Dies war wirklich eine spannende Erfahrung. Was danach geschah, war dagegen kein schönes Erlebnis, allerdings eine sehr wichtige Erfahrung. Doch warten wir noch einen Moment, bevor ich weitererzähle, denn ich spüre, dass Sie Fragen haben, und diese sind zunächst wichtiger.

Woher ich weiß, dass das alles stimmt? Wir planen unser Leben selbst und sind für alles, was uns passiert, verantwortlich. Ich sage es Ihnen ganz ehrlich, ich weiß nicht, ob das wirklich so ist. Darum geht es auch nicht. Da spricht der Physiker aus Ihnen. Nein, es geht nicht um Reproduzierbarkeit und Beweisbarkeit. Es geht darum, was Sie bei meiner Erzählung fühlen. Die Frage nach Richtig oder Falsch, stellt sich nicht. Es kommt darauf an, ob meine Geschichte Sie anspricht. Ist dies der Fall, beginnen Sie, an sich zu arbeiten und Ihre Blockaden und Ängste aufzulösen. Dann wird sich Ihr Leben verändern – und zwar zum Besseren. Sie fühlen sich frei, Ihr Leben ergibt plötzlich Sinn, und Sie finden Antworten auf Fragen, die Sie Ihr ganzes bisheriges Leben begleitet haben. Viele Probleme, die wir auf der Welt haben, beruhen darauf, dass wir nach Wahrheit suchen oder dass es Menschen gibt, die uns sagen, was wir für wahr zu halten haben. Das göttliche Bewusstsein basiert auf Resonanz, daher tritt es stets mit der individuellen Schwingung eines jeden in Kontakt. Ich verstehe, als Physiker gehören Sie auch zu den ›Wahrheitsdefinierern‹. Nun, dann sind Sie jetzt an einem ähnlichen Punkt wie ich damals, und Sie können eine Entscheidung treffen. Entwicklung im Leben entsteht immer durch eine bewusste Entscheidung, nicht durch eine Krise. Wenn Sie eine schwere Krankheit haben, bedeutet das noch längst nicht, dass sich dadurch Ihr Leben positiv verändert. Sie können auch vollständig in der Opferhaltung verharren. Entwicklung geschieht erst, wenn Sie beschließen, gesund werden zu wollen und Sie bereit sind, alles dafür Notwendige zu tun.

Während der Zeit, die ich auf Lambda 7 verbrachte, begann ich, mein Leben aus einem anderen Blickwinkel zu sehen, und konnte nach und nach einen Sinn darin erkennen. Ich traf Oom´aa immer wieder und hatte noch ein weiteres, sehr intensives Gespräch mit einer anderen Person, doch dazu erzähle ich Ihnen später mehr. Auf Lambda 7 habe ich erfahren, was für mich Spiritualität bedeutet. Das interessiert Sie jetzt? Würden Sie sich als spirituellen Menschen bezeichnen? Gute Frage, das stimmt. Konsequenterweise haben Sie die darauffolgende Frage bereits gestellt: Was ist Spiritualität? Ich kann Ihnen die Frage nicht beantworten. Ich kann Ihnen nur sagen, was Spiritualität für mich bedeutet. Spiritualität, oder sagen wir besser, die Voraussetzung dafür, ein spirituelles Leben führen zu können, besteht darin, sich selbst und alles andere auf dieser Welt, alles, wirklich alle anderen Menschen, Pflanzen und Tiere, einfach alles, als Teil des göttlichen Bewusstseins zu verstehen.

Einverstanden? Tatsächlich? Schön, aber diese Einstellung ist erst der Anfang, denn ihr folgt noch keine Konsequenz. Der nächste Schritt ist der wichtigste: die Entscheidung zu treffen, dieses göttliche Sein und Bewusstsein wieder zurückzuerobern, wieder in Besitz zu nehmen, den Schleier des Vergessens zu lüften und sich wieder zu erinnern. Das ist die Reise, die Sie angetreten haben.

Sie sind immer noch einverstanden? Das ist ja hervorragend, dann kann ich gleich noch etwas anschließen, denn jetzt erst beginnt die eigentliche Arbeit. Die Reise zur Erinnerung anzutreten, bedeutet einerseits, das Wissen wieder in Besitz zu nehmen, und andererseits, und das ist ebenso wichtig, es im alltäglichen Leben wieder anzuwenden – und zwar nicht nur am Wochenende, wenn Sie ausgeschlafen sind oder meditieren, sondern im Alltag. Geduld, Mitgefühl, Vergebung – das sind die Themen, um die es geht.

Ich möchte Ihnen noch kurz erzählen, was geschehen ist, nachdem ich durch die Wand des Kontrollzentrums gegangen war.

Ich befand mich plötzlich in einem Raum aus magentafarbenem Licht. In der Mitte stand eine Liege in derselben Farbe, auch aus Licht. Ja, Sie haben richtig verstanden. Ich legte mich auf eine Liege aus Licht, nachdem mir eine Stimme telepatisch mitgeteilt hatte, dass ich dies tun sollte. Offensichtlich war ich mit der dort herrschenden Energie bereits so vertraut, dass es mit der üblichen Kommunikation funktionierte. Dann hatte ich ein sehr intensives, aber auch sehr heilsames Erlebnis. Ich durchlebte alle meine Ängste: nicht geliebt zu werden, keinen Erfolg und kein Geld zu haben, beziehungsunfähig zu sein und mich wertlos zu fühlen – die ganze Palette! Ich sah nichts, aber ich spürte alle Ängste. Das Erstaunlichste war, dass ich mich trotzdem immer sicher fühlte.

Ja, es klingt paradox: sich sicher fühlen und gleichzeitig Angst haben. Daran erkennen Sie aber auch die Dualität. Ich war schweißgebadet und erinnere mich daran, dass ich manchmal schrie. Ich weiß nicht mehr, was oder nach wem. Vielleicht tat ich es einfach nur, um die Spannung loszuwerden. Irgendwann schlief ich ein, und als ich wieder erwachte, fühlte ich mich erleichtert, so unendlich erleichtert. Ich war wach, hielt aber die Augen noch geschlossen und dachte: Endlich bin ich da durch. Ich fühlte mich frei. Ich war körperlich völlig erholt, in innerem Frieden und voller Liebe. Liebe für wen? Das weiß ich nicht, einfach voller Liebe. Dann öffnete ich die Augen und sah, dass ich von grünem Licht umgeben war, herrlich vollem, sattem, tief smaragdgrünem Licht. Die Liege, der Raum, alles war durchflutet von der Energie dieses Lichts.

Dann erhielt ich die Aufforderung, aufzustehen und durch eine Wand zu gehen. Skurril, das stimmt. Was ich getan habe? Ich bin aufgestanden und durch die Wand gegangen.

An welcher Stelle? In einem solchen System, das nur aus Licht und Bewusstsein besteht, ist das völlig gleichgültig, denn Sie sind ja ein Teil des Ganzen. Aber ich gebe ehrlich zu, dass ich mir diese Frage auch gestellt habe. Als ich aber keine Antwort bekam, ging ich einfach irgendwo hindurch.

Ich stand auf einer großen Terrasse. Um mich herum war es ziemlich dunkel, und ich blickte in eine unendliche Weite. Es war ein Aussichtspunkt, von dem aus ich die Tiefe des Universums sehen konnte. Es gab funkelnde Planeten und Sterne – manche bewegten sich, andere nicht. Ein Anblick von unglaublicher Schönheit! Ein leichter Wind wehte, und ich hatte den Eindruck, Wellenrauschen zu hören. Es war ein wenig, wie abends am Meer zu sitzen, die Brandung zu hören, den Wind im Gesicht zu spüren und das Auf und Ab, Hin und Her der Wellen zu fühlen. Dort gab es natürlich kein Meer, aber die Unendlichkeit des Universums fühlte sich an wie die Weite des Meeres. Ich blickte gebannt in die Ferne und entdeckte immer neue Lichter und Bewegungen.

»Sie haben viel geschafft. Ich gratuliere Ihnen von Herzen. Genießen Sie die Aussicht, so lange Sie möchten. Das hier ist wirklich etwas Besonderes.« Ich hatte Oom´aa nicht kommen hören, doch auf einmal stand er neben mir, und nach diesen Worten war er auch sofort wieder verschwunden. Ich beschloss, die Aussicht in aller Ruhe zu genießen, und spürte immer mehr Frieden in mir aufkommen. Schließlich blickte ich mich um und sah Oom´aa hinter mir in einem Sessel sitzen. Ich ging zu ihm und setzte mich neben ihn.

»Ihre Zeit auf Lambda 7 ist noch nicht zu Ende. Ein wichtiger Teil Ihrer Erinnerung liegt noch vor Ihnen. Ich habe die Aufgabe, Ihnen etwas sehr Wichtiges mitzugeben. Außerdem werden Sie bald einen weiteren interessanten Gesprächspartner treffen. Sie werden sich vielleicht freuen.«

Ich schwieg und wartete, was Oom´aa mir wohl noch zu erzählen hatte.

»Um die Zusammenhänge zu erklären, muss ich ein wenig ausholen und über die Dualität sprechen. Es geht nämlich um die Frage, warum es überhaupt notwendig ist, sich zu erinnern.«

»Weil ich meine Verbindung mit dem göttlichen Bewusstsein auf dem Weg zwischen den Welten vergessen habe und nur mit meiner Erinnerung meine Aufgaben auf der Welt gemäß meinem Plan erledigen kann.«

»Ja, das stimmt. Aber es hat noch einen anderen Grund, der für Menschen eines bestimmten Alters sehr wichtig ist.«

Jetzt war ich wirklich sehr neugierig, aber ich wusste, dass ich mich in Geduld üben musste.

»Lange Zeit war nicht klar, ob das Dualitätsprojekt scheitern und der Planet zerstört werden würde. Die Kräfte der Dualität waren sehr ungleich verteilt. Bis zum Ende der 80er-Jahre des letzten Jahrhunderts gab es auf der Erde das Potenzial, dass sie durch einen gigantischen Asteroiden getroffen werden würde, alles Leben verschwinden und der Planet für sehr lange Zeit unbewohnbar bleiben würden. Das Projekt wäre in diesem Fall gescheitert. Weil die Akteure auf der Erde mit dem freien Willen ausgestattet sind, konnten wir nichts dagegen unternehmen, denn wir müssen ja alle Potenziale in Resonanz bringen.«

»Das heißt, Gott wäre gescheitert?«, fragte ich.

»Nein, Gott kann nicht scheitern. Es hätte bedeutet, dass die Liebe im göttlichen Bewusstsein nicht in dem Maße gewachsen wäre, wie es möglich gewesen wäre. Doch letztlich haben es die Kräfte des Lichts auf der Erde geschafft, Schwingung und Resonanz so zu erhöhen, dass es ausreichte, um die Katastrophe abzuwenden.«

»Wann war das?«

»Wie ich schon sagte, Ende der 1980er-Jahre der Zeitrechnung, die auf dem Planeten Erde gilt. Im Universum wird dieses Ereignis ›Harmonische Konvergenz‹ genannt. Seit diesem Moment ist entschieden, dass unser Projekt gelingen wird. Die Frage ist nur noch, welche Schwingungserhöhung Sie alle gemeinsam auf Ihrem Planeten erreichen werden und wie lange es bis dahin dauern wird.«

»Ist das ein Wettbewerb? Gibt es Vergleiche mit anderen Planeten?«

»Mein lieber Freund«, sagte Oom´aa lachend. »Das ist Dualitätsdenken. Aber Sie haben natürlich das Recht, dies zu fragen, denn Sie sind noch immer ein Teil der Dualität.«

»Oje, da bin ich wieder einmal reingefallen.«

»Machen Sie sich darüber keine Sorgen. Das gehört dazu. Aus dieser Tatsache ergibt sich allerdings eine wichtige Konsequenz. Die Mehrheit der Menschen auf Ihrem Planeten, haben ihre Lebenspläne vor der Harmonischen Konvergenz gemacht. Sie sind mit dem Bewusstsein auf die Erde gekommen, dass es nach dem damaligen Stand der Dinge zu einer Katastrophe kommen würde.«

»Ich habe das vorher gewusst«, fragte ich ungläubig, »und bin trotzdem auf die Erde gekommen? Ist das nicht etwas verrückt?«

»Es war sogar so, dass man Sie im Vorfeld ausdrücklich darauf aufmerksam gemacht hatte und Sie gefragt wurden, ob Sie tatsächlich einen Lebensplan abgeben möchten. Und wissen Sie, wie Sie und all die anderen reagiert haben?«

Schweigen.

»Sie konnten es nicht erwarten, durch den Schleier zu kommen, um endlich an dem Projekt auf der Erde mitzuarbeiten.«
Schweigen.
»Gut«, sagte ich schließlich nach einiger Zeit, »und was bedeutet das jetzt für uns Menschen?«
»Ich versuche, Ihnen dies mit einem Beispiel aus Ihrer bekannten Realität zu beschreiben: Ein Fußballspiel dauert normalerweise 90 Minuten. Währenddessen wird gespielt, gekämpft und gefoult, und Sie wissen nicht, wie das Spiel ausgeht. Aber Sie richten sich mental, physisch und psychisch auf 90 Minuten Spielzeit ein. Nach ungefähr 75 Minuten erfahren Sie Folgendes: Das Spiel dauert mindestens 400 Minuten und unter Umständen sogar noch viel länger.«
Jetzt musste ich tief Luft holen, denn das war ein sehr gutes Bild. Daraus folgte aber auch eine für mich sehr ernüchternde Erkenntnis.
»Das bedeutet«, entgegnete ich schließlich, »dass wir unsere Zeit komplett falsch eingeteilt haben und eigentlich nicht so genau wissen, wie wir die übrige Zeit verbringen sollen, aber wir müssen dennoch weiterspielen.«
»Ja, Sie haben mein Beispiel verstanden. Das ist der Grund, warum gerade jetzt so viele spirituelle Menschen nach ihrer Lebensaufgabe suchen und dabei orientierungslos sind. Sie spüren, dass ihre Zeit eigentlich abgelaufen ist, und daher passen bei ihnen viele Dinge in Familie und Beruf nicht mehr zusammen. Sie haben das Gefühl, dass eigentlich etwas Neues entstehen müsste, aber sie wissen nicht, was. Das hat in manchen Fällen dramatische materielle Konsequenzen, und ein häufiger Grund für gesundheitliche oder finanzielle Probleme liegt darin begründet. Viele Menschen warten unbewusst auf ein Ende, das nicht

kommt, und beginnen irgendwann, orientierungslos umherzulaufen auf der Suche nach einem neuen Lebenssinn.«

»Das ist aber ziemlich dramatisch und eigentlich auch nicht fair«, erwiderte ich.

»Fairness ist ein Bestandteil der dreidimensionalen Welt. Im göttlichen Bewusstsein geht es um Integrität und Selbstverantwortung. Sie wurden darauf aufmerksam gemacht, dass Ihr Lebensplan nur bis zu einem bestimmten Punkt geschrieben werden kann. Diese Generationen haben jedoch eine besondere Chance, denn sie hatten ihre Lebenspläne nur bis zum potenziellen Zeitpunkt des Untergangs geschrieben. Schließlich war nicht klar, wie es danach weitergehen sollte.«

»Das bedeutet, dass diese Generationen momentan keine richtigen Lebenspläne mehr haben.«

»Das ist richtig. Es bedeutet aber auch, dass diese Generationen als einzige jemals in der Geschichte des Universums die Chance haben, zu Lebzeiten, ihre eigenen neuen Pläne zu erfinden und zu schreiben. Das ist ein großes Geschenk, jedoch auch eine große Herausforderung.«

»Dazu müssen wir aber wissen, dass die neue Definition unserer Lebensaufgabe von uns jetzt zu Lebzeiten erarbeitet werden muss.«

»Ja«, sagte Oom´aa sichtlich erleichtert, »deswegen ist die Reise zur Erinnerung so wichtig. Denn eigentlich können Sie nur so an das Wissen herankommen. Wenn die Menschen dies einmal verstanden haben, wird sich ihr Leben innerhalb kürzester Zeit vollständig verändern, nur müssen sie sich vorher neu erfinden.«

»Und was ist mit den Menschen, die nach der Harmonischen Konvergenz geboren wurden? Haben diese einen klaren Lebensplan?«

»Bitte bedenken Sie, im göttlichen Bewusstsein gibt es keine Zeit. Aber grundsätzlich ist es richtig, dass Menschen, die nun auf die Erde kommen, auf unserer Seite sehr klare Vorstellungen von ihren Leben formuliert haben. Das bedeutet nicht, dass sie diese auf der Erde noch wissen. Natürlich haben sie auch ihre selbst gewählten Lernaufgaben. Aber sie kommen nicht mit der Erwartung auf die Welt, eine Katastrophe mitzuerleben. Das hat zum Beispiel zur Folge, dass die jungen Menschen viel weniger Angst haben.«

Ich schwieg lange. Mir fiel es wie Schuppen von den Augen. Plötzlich hatte ich das Gefühl, als ergäben die vergangenen Jahre meines Lebens wieder Sinn. Ich konnte Probleme und Situationen, die ich auf der Erde hatte, in einem völlig anderen Licht sehen. Ich war erleichtert, spürte aber auch eine Verantwortung auf mir lasten.

»Menschen, die vor der Harmonischen Konvergenz geboren wurden, haben große Schwierigkeiten mit dem Thema Vertrauen«, erklärte Oom´aa. »Diejenigen, die danach kamen, können leichter in ihr Vertrauen gehen, haben dafür allerdings andere Herausforderungen. Mein lieber Freund, ich danke Ihnen für Ihre Offenheit. Ich lasse Sie jetzt hier allein. Denken Sie darüber nach, fühlen Sie in sich hinein, und vor allem genießen Sie diesen atemberaubenden Blick in die Unendlichkeit. Wenn Sie so weit sind, gehen Sie durch diese Wand.«

Nach diesen Worten verschwand Oom´aa.

KAPITEL VIII

*W*ie Sie sehen, nahm meine Reise eine interessante Wendung. Zu Beginn war ich noch sehr in Abenteuer verstrickt, und ich musste wirklich hart an mir arbeiten. Mit dem Aufenthalt auf Lambda 7 folgte eine Phase, in der mir viel Wissen vermittelt wurde. Das war einerseits deutlich angenehmer, bedeutete aber auch, dass mir die Verantwortung übertragen wurde, das Gelernte umzusetzen. Wenn ich vorher nicht an meinen Ängsten und Blockaden gearbeitet hätte, wäre ich wohl nie so weit gekommen. Wir alle wünschen uns, in einer möglichst hohen Energie zu sein. Ich kann Ihnen sagen, dass es in der Energie auf Lambda 7 ganz schön anstrengend war. Natürlich war ich nicht an die Energieschwingung gewöhnt, und der Unterschied war das Erste, was ich nach meiner Rückkehr in die dreidimensionale Welt wahrnahm. Ich fühlte mich zwar wunderbar erleichtert und dachte, jetzt ginge es richtig los, aber ich war auch ziemlich erschöpft. Dabei war die Reise noch längst nicht zu Ende. Denn die Erfahrungen in den Alltag zu übertragen und sie Tag für Tag authentisch zu leben, ist die wirkliche Herausforderung. Aber ich bin mit meiner Erzählung von der Zeit auf Lambda 7 ja noch gar nicht zu Ende.

Sie haben eine Tochter? Das wusste ich nicht. Und die ist tatsächlich so? Sie weiß noch nicht genau, was sie mit ihrem Leben anfangen soll, aber sie ist völlig im Vertrauen, dass ihr Leben gut verlaufen wird. Ja, das sind die Kinder der neuen Generationen, die uns ablösen werden. Aber noch ist es unsere Aufgabe, ihnen den Weg zu bereiten. Sehen Sie, ich kenne das von mir selbst. Das Schlimmste für unsere Generation war, wenn wir nicht wussten, was wir mit unserem Leben anfangen sollten. Uns wurde eingetrichtert, dass wir etwas Vernünftiges mit unserem Leben anfangen, eine solide Karriere machen und eine Familie gründen und diese ernähren müssten. Das haben wir mehr oder weniger gemacht, aber dabei vergessen, uns zu fragen, was wir wirklich wollen. Wir haben uns arrangiert. Wir müssen viel Energie einsetzen, um den Schein aufrechtzuerhalten, und tief in uns spüren wir, dass wir noch andere Wünsche und Bedürfnissen haben. Wir wollen in unserem Leben endlich ankommen. Weil wir auf eine Katastrophe gewartet haben, die nicht eingetreten ist, sind wir nun orientierungslos und ohne Vertrauen.

Wissen Sie was, es stimmt genau, was Sie da sagen. Aber ich habe es mir in dieser Klarheit noch nicht bewusst gemacht. Bis zur Jahrtausendwende, bis zu der Zeit, in der unsere Lebensplanungen langsam ausliefen, hatte ich unerschütterliches Vertrauen. Ich hatte Geld, war erfolgreich und zuversichtlich.

Jetzt kommt das Beste: Ich weiß noch, dass ich oft in Gesprächen mit Freunden sagte, dass es auch nicht so schlimm wäre, wenn die Welt untergehen würde. Mit dem Wissen, das ich heute habe, kann ich diese Haltung verstehen, und wenn ich ganz ehrlich bin, muss ich sagen, dass ich im Unterbewusstsein sogar auf den Untergang wartete. Und dann passierte nichts.

Dummerweise! Sie haben völlig recht. Dann herrschte lange Zeit extremes Durcheinander in meinem Leben – beruflich, finanziell und in Beziehungen. Ich fragte nach dem Sinn in meinem Leben. Aber aus irgendeinem Grund sendete ich wohl die Absicht aus, dass ich wissen wollte, was los war und wie es weitergehen sollte. Schon wurde ich auf diese Reise geschickt.

Sie haben recht, weil wir plötzlich in der völligen Leere unseres Lebensplans standen, ist uns das Vertrauen abhandengekommen. Aber seien wir doch ehrlich. Wem können Sie das denn erzählen? Es ist ohnehin schon erstaunlich, dass wir uns so offen darüber unterhalten können. Sie glauben tatsächlich, dass es viel mehr Menschen genauso geht? Für Sie ergeben diese Erklärungen tatsächlich Sinn? Sehen Sie, dann ist es doch kein Zufall, dass wir auf diesem Flug nebeneinandersitzen. Das war natürlich ein Scherz!

Die Kinder der neuen Generationen wissen wahrscheinlich genauso wenig oder viel über das, was sie in ihrem Leben machen möchten, wie wir. Denn auch sie haben den Lebensplan, den sie vor ihrer Ankunft auf der Erde geschrieben hatten, vergessen. Aber sie kommen mit einem großen Vertrauen hierher. Wir müssen lernen, dass die Kinder und Jugendlichen, gerade weil sie dieses große Vertrauen haben, ihren Weg finden werden.

Ich gebe Ihnen recht, eigentlich ist es ein schönes Geschenk, wenn Sie jetzt nach Hause kommen und eine veränderte Sichtweise auf das Leben Ihrer Tochter haben können.

Jetzt wird es Zeit, dass ich Ihnen erzähle, was vor meiner Abreise von Lambda 7 noch passierte. Zuvor muss ich Ihnen aber noch etwas gestehen. Nachdem ich Emeralda getroffen hatte und sie mir gesagt hatte, dass sie nicht mit mir zurückkommen würde, spürte ich einen Schmerz in mir. Am Ende meines Gespräches mit Oom´aa saß ich noch lange auf der Terrasse und genoss den Blick in die Weite des Universums. Dabei realisierte ich irgendwann, dass ich mich in Emeralda verliebt hatte. Das verwirrte mich, denn sie hatte ja stets gesagt, dass sie ein Abbild meiner Wünsche und damit nicht real war. Wie konnte ich mich dann verlieben? Doch jetzt zurück zur Geschichte:

Ich blieb noch lange auf der Terrasse, bis ich aufstand und in die Richtung ging, die mir gewiesen worden war. Ohne zu zögern schritt ich durch die Wand.

Plötzlich stand ich am Strand und blickte aufs Meer. Ich hatte keine Ahnung, wie es auf einem Planeten aus Licht einen Strand mit weißem Sand, Palmen und kristallklarem Wasser geben konnte. Doch dann erinnerte ich mich an die Worte von Oom´aa, dass für Gäste auf Lambda 7 jeweils die Realität abgebildet würde, die sie am besten verstehen konnten. Offensichtlich musste ich jetzt am Meer sein – warum auch immer.

Weil ich nicht wusste, was ich tun sollte, setzte ich mich in den warmen Sand. Mir fiel auf, dass die Temperatur sehr angenehm war. Es gab keine Hitze, obwohl die Sonne schien, es war einfach nur sehr behaglich. Ich genoss die Zeit am Strand, die Wärme und den Geruch des Meeres. Inzwischen hatte ich begonnen, wirklich ohne Zeit zu leben. Es war ein seltsam schönes Gefühl, einfach nur am Strand zu sein.

Dann sah ich, dass sich am Horizont etwas bewegte. Es fesselte sofort meine Aufmerksamkeit. Ich versuchte, genauer hinzusehen, doch ich konnte nicht erkennen, was es war. Allerdings gewann ich den Eindruck, dass es näher kam. Gespannt konzentrierte ich mich auf den Punkt am Horizont, und schließlich erkannte ich, dass es sich um einen Delfin handelte. Ich wunderte mich, schließlich schwammen Delfine normalerweise nicht allein. Als er mich bemerkte, begann er zu springen, er schien sich zu freuen. Ich war sehr aufgeregt, mein Herz schlug bis zum Hals, und ich war erfüllt von unglaublicher Liebe und Freude, sodass sich meine Augen mit Tränen füllten. Der Delfin kam immer näher, sprang nicht mehr so hoch, dafür konnte ich ihn jetzt besser erkennen. Dann verschwand er plötzlich eine Zeit lang, bis ich seinen Schatten wieder unter Wasser ausmachen konnte. Noch einmal kam er an die Oberfläche. Er war schon sehr nah am Strand, und ich hatte Angst, dass er im seichten Wasser stranden könnte. Dann tauchte er wieder unter, und es geschah etwas Unglaubliches. Plötzlich tauchte Emeralda aus dem Wasser auf. Ihr langes braunes Haar waren nass, und sie trug ein langes, atemberaubend schönes Kleid in leuchtendem Türkis. Langsam schritt sie mir aus dem Wasser entgegen, und ich stand völlig perplex am Strand.

»Was machst du denn hier?«, fragte ich.

»Du hast mich gesucht.«

»Ich? Es ist herrlich, dass du da bist, aber ich kann mich nicht erinnern, dass ich dich gesucht habe, und ich verstehe nicht, warum du deswegen als Delfin verkleidet hier vorbeigeschwommen kommst.«

»Dein Herz hat mich gerufen, und deswegen bin ich als Delfin gekommen. Delfine kommunizieren auf der Herzebene und können Herzen heilen.«

Wir stand uns gegenüber, beide mit den Füßen im Meerwasser, und ich wusste nicht, was ich als Nächstes sagen sollte. Emeralda nahm mich an der Hand, wir gingen ein paar Schritte den Strand hinauf und setzten uns in den Sand. Wir schwiegen und blickten auf das Meer. Sie duftete herrlich frisch nach Frühling, und ich hätte sie gern angesehen, aber ich hatte nicht den Mut dazu.

»Ich habe dich gesucht …«, begann ich etwas verlegen.

»Weil du in mich verliebt bist.«

»Wer sagt das?«, fragte ich und versuchte, dabei betont lässig und entspannt zu wirken.

»Ich weiß es von dir. Erinnere dich! Du hast mich mit deinen Gedanken erschaffen, und deswegen bin ich ein Teil von dir und weiß, was du weißt.«

»Habe ich mich dann in mich selbst verliebt?«

Emeralda lachte: »Nein, natürlich nicht. Du hast eine Vorstellung, einen Traum, einen Wunsch von einer Frau, und das bin ich geworden. Du hast mich manifestiert.«

»Weißt du Emeralda, das klingt alles sehr schön und romantisch, aber ich weiß ja gar nicht, ob du auch in mich verliebt bist. So können wir kein Paar werden.«

»Ich weiß, deswegen bin ich gekommen. Dein Herz muss heilen, und du darfst nicht der Illusion einer Frau nachlaufen.«

»Und wenn ich geheilt bin, bist du weg. Vielleicht will ich gar nicht heil werden, aus Angst, dass du dann verschwindest. Vielleicht lebe ich mit der Illusion einer Frau besser als mit dem Risiko, enttäuscht zu werden.«

»Es ist deine Entscheidung. Vielleicht bin ich weg, vielleicht kann ich erst dann wirklich in dein Leben treten. Das weiß ich nicht, es hängt von dir ab. Du musst dich entscheiden.«

Jetzt musste ich erst einen Moment nachdenken, denn ich wollte auf keinen Fall einen Fehler machen. Emeralda konnte mein Schweigen anscheinend gut aushalten.

»Ich muss ehrlich sagen, dass ich dachte, ich könnte mich hier etwas erholen und bekäme dann viele weitere spirituelle Informationen. Du hast aber sicher wieder ein ziemliches Abenteuer für mich vorbereitet, oder?«

»Könnte sein.«

Ich glaubte, ein Lächeln auf ihren Lippen wahrnehmen zu können.

»Warum geschieht das ausgerechnet auf Lambda 7?«, fragte ich.

»Weil hier die Energie am höchsten und am reinsten ist, hier ist die Heilung deines Herzens am einfachsten möglich, aber natürlich nur, wenn du es willst.«

»Habe ich denn eine andere Wahl?«

»Selbstverständlich.«

»Welche?«

»Ich könnte auch weiterhin bei dir sein und dich auf deiner Reise unterstützen. Aber ich bliebe deine Illusion. Ich könnte nicht real werden.«

»Welche Garantie habe ich, das du nicht verschwindest und ich alles verliere?«

»Es gibt keine Garantie. Du kannst dich entscheiden. Es geht wie immer um Vertrauen.«

Ich seufzte und nickte.

Emeralda blickte mich mit ihren smaragdgrünen Augen an. »Bist du bereit?«

Ich fand mich in einem prachtvollen Fin-de-Siècle-Saal wieder. Von der Decke hing ein großer Kronleuchter herab, der Boden war mit spiegelndem Parkett ausgelegt, und in der Mitte des Saals befand sich eine Sitzgruppe. Diese war so angeordnet, dass zwei Chaiselongues nebeneinanderstanden, und gegenüber befand sich ein antiker Louis XVI.-Sessel. Alles war mit prachtvollen Mustern verziert. Alles in dem Saal war in dunklem Rot gehalten, und es herrschte eine schwere, drückende Stimmung. Gegenüber der Tür, durch die ich den Saal betreten hatte, befand sich eine riesige Flügeltür. In mir hörte ich eine Stimme, die mich dazu aufforderte, mich auf den Sessel zu setzen.

Kaum saß ich, öffnete sich die Flügeltür mit Schwung, und nacheinander traten vier Frauen ein. Alle waren in festliche Kleider mit prachtvollen ausladenden Reifröcken im Stil des 18. Jahrhunderts gehüllt. Doch dann erschrak ich, und mir brach kalter Schweiß aus. Es waren die Frauen, mit denen ich in meinem Leben ernsthafte Beziehungen gehabt hatte – oder dies zumindest versucht hatte, weil ich mir eingebildet hatte, dass ich eine Beziehung führen könnte. Alle vier kamen auf mich zu, würdigten mich aber keines Blickes und setzten sich mir gegenüber auf die beiden Chaiselongues.

Es herrscht eisiges Schweigen. Dann trat Emeralda durch die Flügeltür und schloss sie sorgsam hinter sich. Sie war wie ein Zirkusdirektor in einen schwarzen Frack und Zylinder gekleidet. Sie kam zu uns und blieb zwischen mir und den vier Frauen stehen. Ich wusste nicht, ob ich etwas sagen sollte oder durfte. In mir hörte ich auch keine Stimme oder Anweisung.

Emeralda klatschte in die Hände, und der Saal, die Wände und auch die Kleidung der Frauen, ja, selbst meine eigene, färbten sich Dunkelviolett.

»Hast du etwas zu sagen?«, fragte sie mich.

»Ich weiß nicht. Wird jetzt hier über mich zu Gericht gesessen?«, fragte ich zurück.

»Nein!« Ihre Stimme klang ungewöhnlich scharf. »Du bist hier, weil du erkennen möchtest, welche Beziehungsmuster du hast, damit du endlich offen für eine ehrliche Beziehung des Herzens werden kannst. Jede dieser Frauen hat natürlich auch ihre eigenen Themen und Ängste. Aber heute sind sie hier, um dir zu zeigen, was du verändern kannst – wenn du es möchtest. Bist du bereit?«

Ich zögerte, schließlich nickte ich zustimmend. Sie klatschte in die Hände, und die erste Dame erhob sich.

»Ich bin hier, um dir zu sagen, was in unserer gemeinsamen Zeit deine größte Angst war: Du hast mich vergöttert, mich auf einen Thron gehoben. Du warst stolz, dass eine so junge und hübsche Frau sich für dich entschieden hatte. Du hast mir zu Füßen gelegen und unterwürfig alles für mich getan, nur um mich nicht zu verlieren. Du hast dich selbst völlig aufgegeben. Dabei bestand dafür nie auch nur der geringste Grund. Ich bin deine Verlustangst.«

Der Schock saß tief. Plötzlich spürte ich all meine Minderwertigkeitskomplexe aus dieser Zeit wieder, dieses Gefühl, mich ständig erniedrigen zu müssen, nur um dieser Frau zu genügen. Ich saß auf meinem Sessel und blickte beschämt zu Boden, während die Frau mir immer noch gegenüberstand. Doch Emeralda ließ mich nicht lange in meinem Selbstmitleid verharren, und ich hörte ihre Stimme, wie sie die zweite Frau dazu aufforderte, sich zu erheben und sich mir gegenüberzustellen.

»Ich bin hier, um dir zu sagen, was in unserer gemeinsamen Zeit deine größte Angst war: Du hast beschlossen, dich nie mehr auf eine Frau einzulassen und vor allem, nie mehr eine Frau zu verlieren. Deshalb wolltest du nur noch eine auf Sex und Lust basierende Beziehung, aber auf ernsthafte Liebe konntest du dich nicht mehr einlassen. Ich symbolisiere die Herrschaft, die du durch Lust ausgeübt hast.«

Das traf mich tief, und ich schämte mich. Jahrelang war dieses Verhalten sozusagen meine Strategie gewesen. Ich wechselte zunächst häufig die Frauen, bis ich schließlich mit dieser einen eine längere Beziehung hatte, aber für mich basierte diese nur auf Lust und Sex. Als die Frau für mich unattraktiv wurde, ließ ich sie sitzen und flüchtet mich in Einsamkeit.

Ich wusste genau, welche Frau jetzt an die Reihe kam. Sie saß mir ja schon gegenüber. Irgendwann hatte ich erkannt, dass ich mit dieser Strategie nicht glücklich werden würde. Jahre später öffnete ich mich daher wieder für eine Frau. Das war sie. Ich konnte ihr gar nicht in die Augen sehen.

Emeraldas Stimme hörte ich wie aus weiter Ferne: »Jetzt du, bitte.« Die dritte Frau stand auf und trat vor mich. In mir kamen die alten Gefühle wieder hoch. Ich hatte sie wirklich aus tiefstem Herzen geliebt.

»Ich bin hier, um dir zu sagen, was in unserer gemeinsamen Zeit deine größte Angst war: Du hast mich geliebt, und du wolltest mich einsperren. Du dachtest, du hättest deine Verlustangst im Griff, aber das war falsch. Im Gegenteil, du hast einen Kontrollwahn entwickelt. Du hast mich beobachten lassen, wolltest alles von mir wissen. Am liebsten hättest du mich in einen Käfig aus Liebe, gefüllt mit Zuneigung, gesperrt. Ich durfte nicht mit anderen Männern sprechen oder ausgehen, und wenn ich von der Arbeit kam, gab es regelmäßig wütende Szenen aufgrund deines Misstrauens. Ich bin deine Eifersucht.«

Was sie sagte, war so wahr, dass ich ihre Worte nicht mehr hören wollte und nicht länger ertragen konnte. Ich hatte den Impuls, vom Stuhl aufzuspringen und fluchtartig den Saal zu verlassen. Doch bevor ich dies in die Tat umsetzen konnte, hörte ich Emeralda sagen: »Bleib sitzen! Das ist deine Chance, oder willst du für den Rest deines Lebens beziehungsunfähig bleiben? Bitte bleib, du bist so nah dran.«

Tränen schossen mir in die Augen und liefen meine Wangen hinunter. All der Druck, die Ängste und die Enttäuschungen meiner Beziehungsjahre tauchten wieder in mir auf. Und ich wusste, dass noch eine Frau auf mich wartete.

»Lass es zu. Schaue sie dir an. Du hast es fast geschafft«, hörte ich Emeralda aus weiter Ferne durch einen Schleier aus Tränen und Traurigkeit sagen.

»Jetzt du, bitte«, sagte sie zu der vierten Frau, die sich daraufhin erhob.

»Ich bin hier, um dir zu sagen, was in unserer gemeinsamen Zeit deine größte Angst war: Nach allen Erfahrungen hast du beschlossen, dich nie mehr verletzen zu lassen. Du warst perfekt, aber du hast nichts zugelassen, und nichts hat dein Herz erreicht. Meine Liebe ist an dir abgeperlt wie Regentropfen an einer Fensterscheibe. Du hast dich über alles und alle erhoben, nur um nie wieder verletzt zu werden. Ich bin deine Arroganz und deine Verzweiflung.«

Dieses Beziehungsmuster hatte ich zu diesem Zeitpunkt perfektioniert. Ich war unnahbar, unverletzbar, hart wie Stein und kalt wie Eis und ohne Makel – so dachte ich zumindest.

Das Violett im Raum war mittlerweile noch etwas dunkler und bedrohlicher geworden. Die vier Damen standen vor mir, ich blickte zu ihnen auf und dann zu Emeralda. Ich wagte nicht, irgendeiner direkt in die Augen zu schauen.

Schließlich fragte Emeralda mich: »Bist du bereit?«

Schon wieder diese Frage, aber offensichtlich musste sie sein. So schwer es mir fiel, ich wollte meine Chance nutzen.

»Ja.«

»Dann erhebe dich von deinem Thron, und stelle dich den Damen gegenüber.«

Langsam stand ich auf. Das kostete mich unglaubliche Kraft und Überwindung und schien Stunden zu dauern. Schließlich stand ich vor den vier Frauen. Nur Emeralda verharrte in ihrem Zirkusdirektor-Outfit unberührt in der Mitte des Raumes und beobachtete mich. Sie schien auf etwas zu warten, aber es passierte zunächst gar nichts. Dann begann das Licht, sich zu verändern, das Violett wurde heller und wechselte langsam zu Grün. In diesem Moment hörte ich von Emeralda einen Seufzer der Erleichterung, und sie wirkte entspannter. Offensichtlich musste sie unter einem großen Druck gestanden haben, den ich vorher nicht bemerkt hatte. Das grüne Licht wurde immer stärker, heller und wärmer. Plötzlich herrschte eine friedliche Stimmung. Auch die Kleider, Wände und Möbel begannen in sanftem Grün zu leuchten. Nur Emeralda veränderte sich nicht. Durch den Farbwechsel war ich abgelenkt. Als ich aufblickte und in die Gesichter der vier Damen sah, hatten sie alle vier die Gesichtszüge von Emeralda.

»Was ist hier los?«, fragte ich erschrocken.

Ich hörte Emeralda tief durchatmen, voller Erleichterung, aber auch erschöpft: »Wir alle sind hier, weil wir deine Ängste und Wünsche in einer Beziehung repräsentieren. Wir sind gekommen, um dich bei deiner Heilung zu unterstützen.«

Es war unheimlich, denn diese Worte schienen von allen Seiten zu kommen, und ich konnte nicht feststellen, wer sie gesprochen hatte. Die grüne Farbe der Umgebung tat uns allen gut, denn sie erzeugte eine friedliche Stimmung der Harmonie und Heilung.

»Jetzt bist du an der Reihe«, sagte Emeralda und blickte mich auffordernd an.

»Was soll ich tun?«

»Du musst jede dieser Frauen umarmen.«

»Aber jede dieser Frauen bist doch immer du, sie haben alle deine Gesichtszüge!«

»Nein, diese Frauen sind deine Anteile. Wir alle sind Teil dessen, was du erschaffen hast. Jetzt geht es um die Heilung deiner Seelenanteile, die nicht in Harmonie mit dir sind. Jetzt ist der Moment der Heilung gekommen. Nutze ihn!«

»Und ich soll einfach nur jede Frau umarmen?«

»Du wirst sehen, das ist gar nicht so einfach, denn eigentlich umarmst du dabei dich selbst und entdeckst dadurch deine Selbstliebe. Bei jeder Dame wirst du laut sprechen: ›Ich verzeihe mir.‹«

Ich hatte geahnt, dass sie ein Abenteuer für mich vorbereitet hatte. Tief in mir spürte ich, dass sie recht hatte: Das war die Möglichkeit, Heilung zu erfahren.

»Bist du bereit?«

Mir blieb nichts anderes übrig, und ich wollte meine Chance nutzen. Wozu hatte ich die ganze Reise in die Erinnerung angetreten, wenn ich jetzt davonlief? Das hatte ich schließlich mein ganzes Leben lang gemacht. Ich stand auf und versuchte, der ersten Frau in die Augen zu sehen. Dabei spürte ich, dass ich eigentlich mir selbst in die Augen blicken sollte. Diese Frau spiegelte meine Ängste davor, andere zu lieben und mich geliebt zu fühlen, wider. Jetzt hatte ich die Möglichkeit, diese zu überwinden. Langsam hob ich den Blick und versuchte, in die Augen meines Gegenübers zu schauen, aber es klappte nicht. Ich musste diesen Schritt wagen, nur einen kurzen Moment volles Risiko eingehen, um herauszufinden, was passieren würde. Ich atmete noch einmal tief durch … – jetzt!

Was ich sah, war unglaublich! Ich blickte direkt in die Augen meines höheren Selbst, meiner eigenen göttlichen Vollkommenheit. Ich hatte Schrecken oder Schmerz erwartet, aber stattdessen sah und spürte ich Liebe, reine vollkommene Liebe.

Von der Seite hörte ich Emeralda vor Freude jauchzen. »Yeah, du hast es geschafft!«

Überglücklich fiel ich der ersten Frau in die Arme, und spürte Güte und Heilung von ihr ausgehen. ›Der erste Schritt ist der schwerste, jetzt muss ich es nur noch zu Ende bringen‹, dachte ich.

»Ich helfe dir«, hörte ich Emeraldas Stimme. »Sprich mir nach …«

Ich schwieg, denn ich brachte kein Wort über die Lippen.

»Sprich mir nach …«

»Ich schaffe es nicht.«

»Willst du das wirklich? Nimmst du meine Hilfe an?«

Ich nickte, meine Knie zitterten, weil ich ahnte, was jetzt kommen würde. Emeralda stellte sich hinter die erste Frau, die ich immer noch umarmte beziehungsweise an der ich mich eigentlich eher wie ein kleines Kind festhielt.

Dann hörte ich Emeraldas kristallklare Stimme: »Schaue mich an. Blicke mir in die Augen. Stelle dich aufrecht hin. So ist es viel besser. Es ist Zeit, die Opferhaltung zu verlassen. Du hast das Potenzial und die Möglichkeit, deine alten Beziehungsmuster zu heilen. Du weißt, was meine nächste Frage ist.«

Ich nickte.

»Bist du bereit?«

Ich nickte erneut.

»Dann sprich mir nach: »›Ich verzeihe mir‹.«

»Ich … verzeihe …«

»Weiter!«

»… mir!«

Bei dem letzten Wort brach ich zusammen, fiel einfach um. Der Druck und die Angst der vielen Jahre waren verschwunden. Ich lag auf dem Boden, und als ich die Augen wieder öffnete, sah ich um mich herum viele Gesichter. Sie alle trugen Emeraldas Gesichtszüge, und alle blickten mich voller Liebe und Güte an.

»Bin ich tot?«

»Ganz und gar nicht! Im Gegenteil, du beginnst erst jetzt zu leben.«

Ich spürte, wie mich viele Hände hochhoben und sorgsam auf die Füße stellten. Wieder sah ich die vier Frauen vor mir. Die erste war wie verwandelt und wirkte erlöst. Dann schaute ich Emeralda an, die immer noch wie ein Zirkusdirektor angezogen war.

»Sehr gut. Ich gratuliere dir. Weiter so«, lobte sie mich.

Ich blickte in die Richtung, wo die zweite Frau stand, und ging ein paar Schritte, bis ich direkt vor ihr stand. Ich wusste, dass mir nichts passieren konnte, dennoch war es nicht einfach. Dann blickte ich der Frau in die Augen, sofort fühlte ich wieder die vertraute Liebe und Güte und wusste, dass ich mit meinem wahren Selbst verbunden war. Ich umarmte sie. Plötzlich spürte ich jedoch starken Druck in der Magengegend. Ich hatte das Gefühl, mich gleich übergeben zu müssen.

»Stelle dich gerade hin!«, drang Emeraldas Stimme zu mir vor.

›Was mache ich denn nur? Was ist, wenn ich mich auf die Frau …?‹ Meine Gedanken rasten wirr hin und her. Die Übelkeit war entsetzlich. Ich hatte Angst davor, meinen Mund aufzumachen.

»Ich höre nichts. Sprich mir nach …«

Doch bevor Emeralda weitersprechen konnte, brach es aus mir hinaus: »Ich verzeihe mir!«, rief ich und hielt mir beide Hände vor den Mund, weil ich einen Schwall Übelkeit erwartete.

Ich taumelte und spürte sofort Hände, die mich stabilisierten – aber sonst geschah nichts. Ganz im Gegenteil, in meinem Körper breitete sich Wohlbefinden aus. Es war, als würde die Sonne in meinen Bauch scheinen. Ich holte tief Luft.

»Das war knapp«, hörte ich Emeralda sagen, »aber du wirst besser.« Dankbar versuchte ich, sie anzublicken, aber ich konnte sie nicht sehen. Sie war außerhalb meines Blickfeldes.

»Es geht weiter. Bist du bereit?«

Diesmal wollte ich besonders mutig sein, und ich suchte die dritte Frau mit meinem Blick. Zu meinem großen Erstaunen stand sie in einiger Entfernung zu mir und wandte mir den Rücken zu.

»Du musst deine Komfortzone verlassen«, hörte ich Emeralda sagen.

Die Entfernung zu der Frau war nicht groß, aber ich fühlte mich schwach und hätte auch gern eine Ausrede gehabt, um nicht handeln zu müssen.

»Was ist, wenn ich bewusstlos werde?«, fragte ich.

»Keine Ausreden!«

Sie hatte recht. Ich machte einige Schritte auf die Frau zu und spürte keine Widerstände. Ich hoffte, sie würde mir wenigstens etwas entgegenkommen und sich umdrehen, aber weit gefehlt. Ich ging weiter, bis ich vor ihr stand. Erneut blickte ich in Emeraldas Gesichtszüge und spürte plötzlich eine ungeheure Wut aufkommen. Ich war voller Zorn und wollte laut herausschreien, dass die ganze »Bagage« verschwinden und dass dieser Maskenball endlich ein Ende haben solle. Aber ich brachte keinen Ton heraus. Wütend führte ich stumme Dialoge in meinem Inneren. In mir stauten sich Aggressivität und Wut an. Ich musste diesen Zorn nach außen bringen und diesen Masken ihren eigenen Irrsinn ins Gesicht schleudern. Ich öffnete den Mund, wollte schreien, endlich schreien, wie ich es noch nie in meinem Leben getan hatte. In diesem Moment brach ich zusammen, fiel vor dieser Frau auf die Knie und begann, jämmerlich zu schluchzen.

Ich weinte alle ungeweinten Tränen meines Lebens und fühlte mich bald sehr erleichtert, aber der Tränenfluss wollte trotzdem nicht enden. Ich weiß nicht, wie lange er andauerte, aber von Moment zu Moment wurde ich ruhiger, und schließlich fühlte ich mich leer und frei. Dann spürte ich zwei liebevolle Hände an meinen Schultern. Durch meine vom Weinen verquollenen Augen sah ich die dritte Frau, sie kniete neben mir, und dieses Mal versuchte sie, mir in die Augen zu schauen. Wie ein Ertrinkender, der nach einem Seil greifen will, suchte ich ihren Blick – und war gerettet. Ich spürte wieder Liebe und Glück. Die Frau sah mir weiterhin in die Augen.

»Sprich mir nach …«, sagte die Frau leise. »Ich verzeihe mir.«

»Ich verzeihe mir.« Ich war erstaunt, wie einfach es war. Plötzlich war das ganze Drama, das sich vorher in mir abgespielt hatte, aufgelöst und vergessen. Ich fühlte mich glücklich und frei. Langsam erhoben wir beide uns, und noch einmal blickte mir die Frau in die Augen.

»Eine letzte Prüfung hast du noch zu bestehen, und ich helfe dir dabei.« Sie hakte sich bei mir unter und führte mich sanft, aber bestimmt zu der vierten Frau, die noch immer unbeweglich an ihrem ursprünglichen Platz stand.

»Hier muss ich dich wieder allein lassen. Ein letzter Schritt fehlt noch.« Sie ließ mich los und trat zurück.

Ich fühlte mich das erste Mal stabil und konnte mich umblicken. Der Raum, die Möbel, alle unsere Kleider, die Decke, der Boden, sogar der Kronleuchter – alles war noch immer in das sanfte Grün getaucht. Einen Moment lang konnte ich tatsächlich den Frieden, der sich ausgebreitet hatte, spüren, genießen und in mich aufnehmen. Am anderen Ende des Raumes standen die drei Frauen, und etwas abseits von ihnen war Emeralda in ihrem Zirkusdirektor-Kostüm. Ich erwartete eine Aufforderung, aber es geschah nichts. Die vierte Frau wirkte, als wäre sie aus Stein: kalt, abweisend und leblos. Immer noch hörte ich keine Aufforderung und keinen Hinweis, es herrschte einfach nur Stille. Jetzt wurde mir klar, dass ich in diesem Moment wirklich ganz allein auf mich gestellt war.

Ich wagte einen Schritt hin zu der vierten Frau und unternahm den Versuch, ihr in die Augen zu schauen, aber es funktionierte nicht. Natürlich hatte sie zwar physisch Augen, aber es war dennoch nicht möglich, hineinzusehen. Hilfesuchend blickte ich zu den anderen. Aber alle schwiegen und schüttelten die Köpfe. Ich musste es wirklich allein schaffen. Fieberhaft überlegte ich, was mir die vierte Frau anfangs gesagt hatte: ›Arroganz und Verzweiflung‹. Das war es gewesen – doch wie konnte es möglich sein, diese aufzulösen? Durch Liebe? Ich weiß nicht warum, aber mir fiel nichts Besseres ein.

Ich wandte mich ihr zu: »Ich liebe dich.«

Doch nichts geschah. Dann erkannte ich, dass ich selbst bei diesen Worten innerlich gar nichts gespürt hatte, wie hätte sie dann diese Energie erreichen sollen. Ich begann, mich mit dem grünen Licht um mich herum zu verbinden und es in mein Herz fließen zu lassen. In mir wuchs Mitgefühl für diesen Menschen, ich konnte die Verzweiflung und die Ausweglosigkeit der Frau in unserer damaligen Beziehung spüren. Ich erkannte, dass meine Arroganz nur die Tarnung für meine Verletzlichkeit gewesen war. Jetzt erst spürte ich auf einer menschlichen Ebene wirklich Liebe und Mitgefühl für diese Frau. Zaghaft versuchte ich, ihr erneut in die Augen zu blicken, aber es hatte keine Veränderung gegeben.

Ich öffnete mein Herz und legte mein ganzes Mitgefühl und die Liebe für alle Menschen hinein. »Ich liebe dich.«

Stille.

Aber ich spürte, dass sich jetzt etwas veränderte. Langsam bekamen ihre Gesichtszüge einen weicheren Ausdruck.

Stille.

Dann begann sie, sich zu bewegen.

»Danke.«

Ich war fassungslos, sie hatte sich bei mir bedankt! Ich brachte kein Wort heraus. Stattdessen versuchte ich zaghaft, Augenkontakt aufzunehmen, und es schien zu funktionieren. Langsam trafen sich unsere Blicke, und wir traten auf diese Weise miteinander in Kontakt. Wie Eis in der Sonne, das langsam schmilzt, spürte ich, dass eine immer größere Nähe entstand. Dann war es so weit, die Verbindung war wieder vollständig hergestellt, und ich spürte, dass ich die Ebene des höheren Selbst erreichte. Jetzt musste ich noch den letzten Schritt wagen. Mutig, aber doch vorsichtig, ging ich auf die Frau zu und umarmte sie.

Dann richtete ich mich auf und sah ihr noch ein Mal in die Augen. »Ich verzeihe mir.«

Was jetzt geschah, war unglaublich. Kaum hatte ich die Worte ausgesprochen, wechselte innerhalb einer Sekunde alles seine Farbe in ein strahlendes, reines Weiß. Alles! Selbst Emeralda trug plötzlich einen weißen Frack und einen weißen Zylinder. Dann erklang Musik, Trompetenmusik, und ein Chor sang Halleluja. Wir alle genossen diesen Moment des Glücks. Dann öffnete sich die große Flügeltür, und langsam schritt eine Frau nach der anderen zur Tür hinaus. Bevor sie alle die Schwelle überschritten, blickten sie noch einmal mit einem dankbaren Lächeln in meine Richtung und verabschiedeten sich dann mit einem vollendeten Knicks.

Nur Emeralda in ihrem weißen Frack blieb noch mit mir im Saal. Den Zylinder hatte sie sich keck auf den Kopf gesetzt. Ich wollte zu ihr gehen, aber irgendetwas hielt mich davon ab.

»Was wird jetzt aus uns?«, fragte ich.

»Ich bin sehr stolz auf dich. Du hast auf deiner Reise der Erinnerung viel erreicht und Heilung erfahren. Du brauchst jetzt Ruhe. Dieses Erlebnis war anstrengender, als es dir jetzt bewusst ist.«

»Das ist völlig in Ordnung, aber ...«

Sie hob die Hand, und ich konnte nicht weitersprechen.

»Wir sehen uns wieder.« Ohne sich noch einmal umzudrehen, schritt sie durch die große Flügeltür. Die Türflügel schlossen sich. Dann herrschte Stille.

KAPITEL IX

meralda hatte recht. Diese Erlebnisse wirkten wie ein Paukenschlag, und ich musste mich erst davon erholen. Ich hatte das tatsächlich unterschätzt. Wie es dann weiterging? Nun, ich bewegte mich wie auf Lambda 7 üblich und ging wieder durch eine Lichtwand. Ich ließ mich überraschen, wo ich herauskommen würde, und gelangte in einen schönen Park. Auf einer Wiese lagen für mich eine Decke und Kissen bereit. Ich legte mich nieder und schlief sofort ein.

Die Erfahrungen erweiterten meinen Horizont. Es ist ähnlich wie in diesem Flugzeug, in dem wir uns gerade befinden. Was sehen Sie, wenn ich die Fensterverdunkelung öffne? Strahlende Sonne, unendliche Weite und eine unglaubliche Schönheit und Ästhetik – genau so fühlte ich mich, frei und ohne die Blockaden meiner alten Beziehungsmuster. Ich stimme Ihnen zu, es war eine außergewöhnliche Erfahrung, und auch die Art und Weise, vielleicht könnte man es auch Szenario nennen, war bemerkenswert. Emeralda als Zirkusdirektor, das Ambiente, all das hat mich erstaunt. Aber offensichtlich war dies für mich wichtig, um mich der Situation zu stellen. In der Zwischenzeit habe ich gelernt, nicht mehr nach dem »Warum?« einer Situation zu fragen, sondern danach, ob sie mein Leben verändern und vor allem verbessern kann.

Aber seitdem habe ich den Eindruck gewonnen, dass über viel zu viele Dinge nur geredet wird. Aber reden verändert nicht viel. Stattdessen ist es wichtig, sich wirklich mit seinen Schatten und Blockaden zu konfrontieren und sie anzunehmen. Ja, Sie kennen sicher auch die Formulierung »mit seinen Schatten kämpfen«. Aber das ist altes Siegfried-und-der-Drache-Denken. Wir müssen unsere Schatten nicht besiegen und töten. Wir müssen Sie umarmen und annehmen – sie lieben. Die wichtigste Erkenntnis dieses Erlebnisses war für mich, dass der Weg zur Auflösung, oder nennen wir es ruhig auch einmal pathetischer Erlösung, über das Verzeihen führt – vor allem sich selbst. Sich selbst zu verzeihen, ist das Schwierigste überhaupt. Das können Sie bestätigen? Wenn ich heute bemerke, dass ich mit Schwierigkeiten oder Ängsten konfrontiert werde, nehme ich sie liebevoll an, begrüße sie und heiße sie willkommen. Ich akzeptiere, dass sie Teil meines Lebens sind. Dann schaue ich mir an, was ich verändern sollte, und treffe die notwendigen Entscheidungen. Und schließlich verzeihe ich mir selbst, nur dann wirkt der Prozess wirklich nachhaltig.

Das ist eine sehr gute Frage. Was glauben Sie, wie mich diese Frage »Bist du bereit?« genervt hat? Ich dachte mir oft, ob denen – wer auch immer sie waren – nichts anderes einfiel. Immer die gleiche, stereotype Frage! Aber wissen Sie was? Es war die einzig richtige Frage.
Warum? Nun, wenn ich nicht bereit bin, etwas in meinem Leben zu verändern, dann muss ich mich damit auch nicht beschäftigen. Es wäre nur Zeitverschwendung und ein Versuch, mein Gewissen zu beruhigen. Ich finde es übrigens völlig in Ordnung, wenn man sich entscheidet, ein Thema nicht zu bearbeiten. Auch ich hatte Phasen in meinem Leben, in denen ich nichts verändern wollte. In einem solchen Fall bleibt man in der Opferhaltung, und es gibt keine positiven Veränderungen. Das ist der Preis. Manche Entwicklungen brauchen aber einfach Zeit, bis man für sie bereit ist. Deswegen ist die Frage ebenso genial wie einfach, denn ich musste Ja oder Nein antworten. Wenn ich Ja sagte, bedeutete dies, dass ich die Verantwortung für meine Veränderungsprozesse übernahm, bei einem Nein akzeptierte ich, dass mein Leben blieb, wie es war. Insofern ärgerte mich die Frage nicht, nur weil es immer dieselbe war. Nein, diese Frage zwang mich immer wieder dazu, ehrlich zu mir zu sein und etwas in meinem Leben zu verändern. Ja, ich weiß, es ist anstrengend, sich ständig dieser Klarheit mit allen Konsequenzen zu stellen.

Meine Zeit auf Lambda 7 neigte sich dem Ende zu, leider, muss ich sagen. Auch wenn es durchaus anstrengend war, sich in dieser Energie aufzuhalten, tat es mir sehr gut, und ich fühlte mich wohl. Ich hatte noch ein weiteres längeres Gespräch mit Oom'aa, danach musste ich zurückkehren.

Wohin? Lassen Sie sich überraschen. Was mir von Oom'aa als nächste Aufgabe übertragen wurde, erstaunte mich selbst, und es wurde wirklich alles noch sehr aufregend. Wie üblich wurde mir telepathisch mitgeteilt, was ich zu tun hatte, und wir trafen uns an einem futuristisch anmutenden Ort. Es war der Kontrolltower des Raumhafens von Lambda 7. Einerseits sollte mich der Aufenthalt dort wohl auf meine Abreise vorbereiten, andererseits wurde mir zum Abschluss noch eine besonders faszinierende Realität gezeigt. Oom'aa und ich saßen weit oben und betrachteten die Lichter der Raumfähren, Flugscheiben und Gleiter.

Sie können sich gar nicht vorstellen, was alles durch den Äther fliegt: Man sieht blinkende Lichter, unendliche Weite, und alles geschieht, ohne dass Lärm verursacht wird. Ich weiß ehrlich gesagt nicht, wie die Energieerzeugung dieser Fluggeräte erfolgte, aber sie waren lautlos, und ich sah keinerlei Kondensstreifen oder sonstige Anzeichen von Verschmutzung.

Oom'aa bat mich, ihm zu folgen. Dann führte er mich in eine große verglaste, frei schwebende Kuppel über dem Raumhafen. Dort sollte ich Platz nehmen. Der Ausblick war wirklich atemberaubend. Offensichtlich wollte er, dass ich den Moment allein genießen konnte, um Abschied zu nehmen. Respektvoll zog er sich zurück.

Zunächst hörte ich nur die Stimme von Oom'aa, aber dann sah ich, wie er sich auf einem Sessel mir gegenüber materialisierte. Ich musste lachen, denn so etwas hatte ich nicht erwartet.

»Herzlich willkommen zurück am Raumhafen vom Lambda 7. Ihr

Aufenthalt neigt sich dem Ende zu. Wir sind sehr stolz auf Sie und freuen uns, weil Sie über Ihre Potenziale hinausgewachsen sind.«

»Was bedeutet das?«

»Gemäß Ihrem Lebensplan, an den Sie sich leider nicht mehr erinnern, gibt es bestimmte Entwicklungspotenziale, so auch für Ihre Zeit hier auf Lambda 7, aber Sie waren sehr mutig und haben mehr geschafft, als vorgesehen war. Offensichtlich verlieh Ihnen Ihre Liebe zu Emeralda Flügel.«

Ich spürte, dass ich rot wurde.

»Das braucht Ihnen nicht peinlich zu sein. So etwas ist rein menschliches Denken. Wir hier kennen und sehen doch ohnehin alle Möglichkeiten und Zusammenhänge.«

»Das stimmt natürlich, das habe ich nicht bedacht. Was wird aus Emeralda und mir? Kann sie von hier mitkommen?«

»Nein. Aber dazu sagte sie Ihnen bereits alles, was Sie wissen dürfen. Sie versprach Ihnen, Sie bei Ihrer Reise zu begleiten, und Sie werden sie wiedersehen. Emeralda hält Wort, dem ist nichts hinzuzufügen.«

»Keine befriedigende Antwort für jemanden, der verliebt ist.«

Oom´aa lächelte verständnisvoll.

»Durch die Erfahrungen, die ich hier machen durfte, könnte ich wirklich für eine Beziehung bereit sein …«

»Geduld, meiner Lieber, noch sind Sie auf der Reise der Erinnerung, und dabei erwartet Sie noch so einiges. Bevor wir Sie zurückbringen, habe ich noch die Ehre und die Aufgabe, Ihnen einige weitere Informationen für Ihren Aufenthalt auf der Erde mitzugeben.«

»Ich bin gespannt.«

»Sie wissen, dass auf Lambda 7 und den anderen sechs Planeten die Lebenspläne, Potenziale und Entwicklungen innerhalb der Dualität überblickt und miteinander in Verbindung gebracht werden. Wir kontrollieren nicht, wir sind auch keine Engel oder andere Lichtwesen. Wir sind Teile des göttlichen Bewusstseins, wie auch alle anderen, die an der Dualität beteiligt sind. Sie können uns in einer Umgebung sehen, die Ihnen vertraut ist, aber diese ist nicht real. Wir haben diese Umgebung erschaffen, damit wir mit Ihnen in Kontakt treten konnten. Unser eigentlicher Seinszustand ist Licht und Energie.«

»Das habe ich verstanden, und ich bin Ihnen allen sehr dankbar, dass ich diese Erfahrungen hier machen durfte.«

»Nach der Harmonischen Konvergenz, als klar war, dass es keine weltzerstörende Katastrophe geben würde, trat die Dualität sozusagen in eine neue Phase ein. Sie können dies mit dem Start einer Rakete vergleichen. Man zündet eine neue Stufe, dadurch bekommt die Rakete mehr Schub; ebenso war es mit der Dualität, sie erhielt auch mehr Schub.«

»Was bedeutet das denn – mehr Schub?«

»Die Dualität beschleunigt oder verschärft sich – wie auch immer Sie es nennen wollen. Immer mehr Menschen beschäftigen sich mit Spiritualität, deshalb muss die andere, die dunkle Seite sozusagen ›die Schraube anziehen‹. Es wird mehr sogenannte negative Ereignisse geben. Diese betreffen alle Bereiche: Gesellschaft, Politik, Kultur und Wirtschaft – einfach alles. Gleiches geschieht auch auf der individuellen Ebene. Und deshalb brauchen wir Sie.«

Um ehrlich zu sein, hatte ich keine Ahnung, worauf Oom´aa hinauswollte, aber allmählich hatte ich Geduld erlernt und wartete ab.

»Je stärker sich die Menschen verändern, desto mehr wächst das Potenzial für die Erhöhung der Liebe innerhalb der Dualität. Gleichzeitig werden die Menschen aber auch immer intensiver mit ihren Schatten konfrontiert, denn nur wenn es ihnen gelingt, die Schatten nachhaltig ins eigene Leben zu integrieren, sie zu akzeptieren und dadurch aufzulösen, lässt sich das Energiepotenzial der Liebe erhöhen. Im Moment ist es noch eine Art ›Nullsummenspiel‹. Was innerhalb der Dualität an Liebe entsteht, wird von den Schatten, die nicht bearbeitet werden, wieder verbraucht. So etwa könnte man es in der Sprache der Erde umschreiben. Nur wenn die Schatten der Vergangenheit und die Aktivitäten des Ego kontrolliert werden, entsteht eine positive Bilanz an Liebe innerhalb des Gesamtsystems. Im Moment zeigt die Analyse aller sieben Operator-Systeme, dass ein signifikanter Anstieg der Liebesenergie zu verzeichnen ist. Aber die andere Seite der Dualität wird ebenfalls stärker. Um dies auszugleichen, wird die vorhandene Energie der Liebe absorbiert. Das bedeutet, eine nachhaltige Veränderung entsteht erst, wenn die spirituelle Entwicklung weiterwächst. Daran besteht kein Zweifel. Aber um dieses ›Mehr‹ zu erzeugen, ist es notwendig, dass die Menschen sich nun endgültig daran machen, ihre Blockaden insbesondere ihre Ängste zu bearbeiten.«

»Das klingt alles sehr schön und vor allem logisch. Aber wie soll das funktionieren?«

»Es gibt ein Potenzial im Gesamtplan der Dualität. Um dieses zu entwickeln, sind jetzt zwei Schritte notwendig, und dazu brauchen wir Sie.«

Ich runzelte die Stirn und wusste immer noch nicht, was ich mit diesen Worten anfangen sollte.

»Damit die Menschen ihre Ängste wirklich nachhaltig bearbeiten und auflösen können, ist die Erinnerung an das göttliche Bewusstsein notwendig. Es ist wichtig, dass noch mehr Menschen eine solche Reise unternehmen. Momentan arbeiten viele Menschen mehr oder weniger erfolgreich an ihren Ängsten, und diese Personen sind frustriert, wenn sie nicht weiterkommen, und fragen sich dann, warum dies so ist. Das liegt daran, dass sie noch kein Vertrauen in ihre eigene Göttlichkeit entwickelt haben. Das ist sozusagen der fehlende Stein im Mosaik. Wir möchten Sie bitten, uns dabei zu unterstützen, dass Menschen die Erinnerung an ihr göttliches Sein wiederfinden.«

»Gern, und was soll ich dafür tun?«

»Eigentlich nicht viel. Aber auf keinen Fall dürfen Sie belehren oder missionieren. Das würde das Gegenteil des gewünschten Ergebnisses erzeugen. Wir brauchen Sie als überzeugendes Beispiel. Stellen Sie Ihr Wissen und Ihre Erfahrungen, aber genauso auch die Zweifel, Ängste und Schwierigkeiten, die sie haben, zur Verfügung. Nach dem Gesetz der Resonanz treten Menschen, die dafür bereit sind, mit Ihnen in Kontakt oder begegnen Ihnen.«

»Das mache ich gern, vor allem aus Dankbarkeit für die vielen intensiven Erfahrungen, die ich bisher hier machen durfte. Ich hoffe, dass es bald immer mehr Menschen gibt, die sich auf eine solche Reise zur Erinnerung begeben.«

»Das Potenzial dafür besteht, und deswegen habe ich den Auftrag und die Erlaubnis, mit Ihnen über diese Dinge zu sprechen. Wichtig ist vor allem folgender Zusammenhang: Das Potenzial der Liebe und damit das Wachstum des göttlichen Bewusstseins lassen sich nur erreichen, wenn die Menschen es schaffen, ihre Ängste zu bearbeiten. Dazu ist es zwingend notwendig, wieder tief in das Vertrauen und das Bewusstsein des göttlichen Ursprungs einzutauchen.«

»Das verstehe ich, und ich werde mein Bestes geben. Versprochen.«

»Wir danken Ihnen.«

Dann schwiegen wir beide und blickten auf die faszinierende Welt des Raumhafens unter uns und in die Unendlichkeit, die sich in der Ferne erstreckte.

»Das war aber noch nicht alles«, sagte Oom´aa nach einer Phase der Stille. Ich blickte ihn fragend an.

»Natürlich sind auch wir auf Lambda 7 Teil des göttlichen Bewusstseins. Selbst wir haben zugestimmt zu wachsen und uns an der Dualität zu beteiligen, indem wir von hier aus die Potenziale in Resonanz bringen. Planet Erde und die Menschen beginnen, in eine neue Phase der Dualität einzutreten.«

»Was kann ich mir darunter vorstellen?«

»In unserem Bewusstsein nennen wir diese Phase der Dualitätsentwicklung das ›M-Projekt‹. Der Buchstabe ›M‹ steht für Mitgefühl. Die gegenwärtige Phase der Dualität mit Kriegen, Machtkämpfen, weltweiter Bewusstseinskontrolle und Feindschaften zwischen den Religionen können wir nur durch Mitgefühl überwinden. In den nächsten Jahren wird Mitgefühl die transformierende Energie auf Planet Erde sein.«

»Das verstehe ich, auch wenn ich, ehrlich gesagt, keine Ahnung habe, wie das funktionieren soll.«

»Das ist der Inhalt des M-Projektes. Natürlich gibt es bereits Mitgefühl auf der Erde. Was wir brauchen, ist eine grundlegende Energie und Kultur des Mitgefühls, sozusagen eine neue Dimension von Mitgefühl.«

»Und wie soll dieses M-Projekt funktionieren?«

»Die neue Dimension können wir nur entwickeln, wenn sich Menschen direkt in das Getümmel der Dualität begeben, dorthin, wo die Gegensätze aufeinandertreffen.«

»Sie meinen in Kriegsgebiete?«

»Das wäre eine extreme Ausprägung. Ich meine die vielen alltäglichen Dualitätskonfrontationen in Beziehungen oder im Beruf. Es geht darum, sich den Kämpfen zu stellen und aus Mitgefühl andere Entscheidungen zu treffen.«

»Das klingt sehr dramatisch.«

»Vielleicht, das wird sich zeigen. Wichtig ist, dass Sie den Zusammenhang verstehen. Damit das M-Projekt überhaupt erfolgreich sein kann, brauchen wir Menschen, die sich an ihren göttlichen Ursprung erinnern, die sich wieder als Teil des göttlichen Bewusstseins verstehen und dies auch fühlen. So schließt sich der Kreis. Je mehr Menschen die Reise zu ihrer Erinnerung antreten und dadurch ihre Ängste bearbeiten und auflösen, desto mehr Menschen können am M-Projekt teilnehmen.«

»Die Erinnerung ist sozusagen die Qualifikation, die erworben werden muss?«

»Nein, das ist zu kausal gedacht. Der Prozess verläuft interdimensional, denn alles ist miteinander verbunden. Diese Entwicklung geschieht miteinander, parallel und ineinander – wie Sie wollen, nur einen einzigen Ursache-Wirkung-Zusammenhang gibt es nicht.«

»Ich verstehe, Sie haben den Auftrag, mich anzuwerben. Ich soll Menschen von meiner Erinnerung erzählen und gleichzeitig in das M-Projekt einsteigen.«

»So könnte man das sagen. Allerdings klingt anwerben zu militärisch. Ich mache Ihnen nur einen Vorschlag, und Sie können sich entscheiden. Sie haben Ihren freien Willen.«

Wir schwiegen.

»Ich weiß, was als Nächstes kommt«, sagte ich nach reiflicher Überlegung.

»Ich weiß«, erwiderte Oom´aa.

»Ich bin bereit.«

KAPITEL X

nser Gespräch war damals noch nicht zu Ende. Aber dieser Moment war sozusagen der Wendepunkt in meinem Leben. Ab jetzt sollte nichts mehr so sein, wie es einmal war, und was mich erwartete, hätte ich mir in meinen kühnsten Träumen nicht vorstellen können. Ich erklärte mich bereit, anderen Menschen – wenn sie dies wollten – von meiner Erinnerung zu erzählen. Nicht immer auf einem Langstreckenflug und auch nicht immer die ganze Geschichte, aber das war im Grunde mein spiritueller Auftrag. Natürlich gehe ich weiterhin meinem sogenannten normalen Leben nach. Das Erstaunlichste ist – aber das hatte ich Ihnen schon gesagt –, dass ich vor allem beruflich erfolgreicher bin denn je. Warum? Das lässt sich relativ einfach beantworten. Weil ich drei Dinge gelernt habe: Ich trage das unerschütterliche Wissen in mir, dass wir alle Teil des göttlichen Bewusstseins sind und dass unsere Aufgabe darin besteht, gemeinsam zu wachsen. Ich habe gelernt, mit meinen Ängsten umzugehen und sie aufzulösen. Wenn mich aus irgendwelchen Gründen Ängste überkommen – denn das passiert mir wie jedem anderen auch – weiß ich, wie ich sie bearbeiten kann.

Ich erwarte von Ihnen keine Antwort auf die Frage, ob Sie sich am M-Projekt beteiligen möchten. Das ist Ihre Entscheidung, und es braucht vielleicht auch noch etwas Zeit, sie zu treffen. Auf der Reise zur Erinnerung befinden Sie sich bereits, und Sie wissen ebenso wenig wie ich damals, wohin Ihr Weg Sie noch führen wird.

Warum der Zeitpunkt des Gesprächs für mich eine Art Wendepunkt war? Nun, vielleicht kann ich es am besten so beschreiben: Es war, als wäre meine theoretische Ausbildung abgeschlossen und als sollte ich jetzt in der normalen dreidimensionalen Welt zeigen, was ich gelernt hatte. Lassen Sie sich überraschen, meine Erzählung wird noch ganz schön aufregend. Aber zunächst möchte ich Ihnen noch von meiner Abreise von Lambda 7 berichten.

Oom′aa erhob sich von seinem Sessel und reichte mir die Hand. »Ich danke Ihnen, dass Sie gekommen sind. Ich danke Ihnen für Ihren Mut, sich all Ihren Aufgaben zu stellen.«
Ich stand ebenfalls auf, nahm seine Hand und spürte, wie eine unglaubliche Kraft und Energie auf mich übertragen wurden.
»Bevor ich Sie zur Antares zurückbegleite, müssen wir noch klären, wohin sie gebracht werden möchten.«
Für einen kurzen Moment war ich sprachlos, denn ich war davon ausgegangen, dass es für mich zurück in den Garten gehen würde und ich dort neue Abenteuer bestehen dürfte oder müsste.
»Das geht leider nicht mehr. Diese Zeit ist vorbei. Sie werden jetzt in die dreidimensionale Realität eintauchen und zeigen müssen, was Sie gelernt haben. Wir brauchen Sie mitten in der Dualität. Ich muss Ihnen in diesem Zusammenhang noch eine weitere Bedeutung des Begriffes ›Erinnerung‹ darlegen. Erinnerung bedeutet einerseits all das, was Sie hier erfahren und erlebt haben: die Wiederentdeckung Ihres göttlichen Bewusstseins. Für Sie folgt nun als nächster Schritt, dieses Wissen in der Dreidimensionalität anzuwenden und die Erinnerung an das göttliche Bewusstsein zu repräsentieren. Sie wissen, wie es in der Dualität zugeht. Der Alltag mit seinen Emotionen, die Angstindustrie, Sorgen und Stress – all das wird Sie sehr schnell wieder in Besitz, oder noch schlimmer, gefangen nehmen. Andererseits bedeutet Erinnerung in diesem Zusammenhang, sich innerhalb des Alltags der Dualität immer wieder an seine Erinnerung zu erinnern – ein schönes Spiel mit Worten, aber eine große Herausforderung in der Realität. Das ist jetzt Ihre Aufgabe.«

Ich muss zugeben, dass mir das alles nicht wirklich gelegen kam. All die Aufgaben, Abenteuer und Herausforderungen, die ich hatte bestehen müssen, waren schwierig gewesen und hatten mich immer wieder an meine Grenzen gebracht. Doch ich hatte tief in mir immer die Sicherheit gespürt, dass mir trotz allem nichts passieren konnte – wie bedrohlich die Situation auch gewesen war. Die Vorstellung, dies alles jetzt in meiner realen Welt durchleben zu müssen, war für mich wirklich erschreckend.

»Sie wissen, dass ich Ihre Gedanken lesen kann«, sagte Oom´aa, »Der Fairness halber möchte ich Sie jetzt aber noch einmal darauf aufmerksam machen. Ich verstehe Ihre Bedenken, die hatte bisher jeder, der auf diesem Weg unterwegs war. Aber nur die Integration der neu gewonnenen Erkenntnisse in das Leben inmitten der Dualität erschafft die Veränderung auf dem Planeten Erde.«

»Ich muss mich einfach erst an den Gedanken gewöhnen. Sie haben schon recht, denn sonst würde das alles wirklich keinen Sinn ergeben. Aber ich muss zugeben, dass ich die Energie hier sehr genieße und natürlich diese guten Schwingungen nicht verlassen möchte.«

»Die Energie hier ist frei von Dualität. Das ist es, was Sie spüren. Deswegen besteht hier alles aus Licht und aus göttlichem Bewusstsein, aber wir müssen für Sie sichtbare Realitäten erschaffen, damit wir mit Ihnen kommunizieren können. Sie können sich aber nicht vorstellen, was es für uns an Aufwand bedeutet, Sie hier in dieser reinen Energie zu halten. Im Moment sind Sie dafür nicht geschaffen. Als Mensch ist Planet Erde Ihr Ort, und die Energie, die Sie benötigen, ist die Spannung der Dualität. Wir haben mittlerweile die Grenze erreicht, bis zu der wir Sie hierbehalten dürfen, ohne dass ein Schaden in Ihrem System entsteht.«

»Verständlich«, seufzte ich. »Schade. Aber eine Frage habe ich zum Schluss noch: Kommen denn alle Menschen, die ihre Reise zur Erinnerung antreten, hier vorbei und erleben dieselben Abenteuer?«

»Nein, ganz im Gegenteil. Auf Lambda 7 und auch auf die anderen Systeme kommt selten jemand. Das ist ein Privileg. Aber dies war als Potenzial in Ihrem Plan vorgesehen, und deswegen konnte es sich verwirklichen. Jeder erlebt die Reise und die Erinnerung, die seinem Lebensplan und seinen Entwicklungsaufgaben entspricht.«

Wir verließen den Tower und gingen auf einer langen Straße aus Licht zum Rollfeld des Raumhafens.

»Wir müssen wissen, wohin wir Sie bringen sollen. Die Crew der Antares muss die Reise planen, denn wie Sie wissen, ist es nicht so einfach für uns und auch nicht ungefährlich, in das Energiefeld der Erde einzutreten.«

»Wie? Wohin Sie mich bringen sollen? Was meinen Sie damit?«

»Nun, wir werden Sie mit Ihrer neu gewonnenen Erinnerung an einem Ort Ihrer Wahl in Ihrem normalen Leben innerhalb der Dualität absetzen. Von dort aus geht die Reise weiter, und Sie müssen sich dann an Ihre Erinnerung erinnern. Und ein paar Abenteuer warten auch noch auf Sie ...«

»Ich werde irgendwo in meinem Leben ausgesetzt?«

Oom´aa nickte.

Von Weitem konnte ich die Antares schon sehen. Während wir die Lichtstraße entlanggingen, überlegte ich, wo ich in meinem Leben anknüpfen wollte – oder wo mein Neuanfang stattfinden sollte. Schließlich entschied ich mich für ein Hotel, das ich oft für einen Kurzurlaub aufsuche. Es erschien mir günstig, die Sache geordnet und in Ruhe anzugehen.

»Das ist eine gute Wahl«, sagte Oom´aa, der wieder meine

Gedanken gelesen hatte. »Wir bringen Sie dorthin. Wenn Sie in Ihr Dualitätsbewusstsein zurückkehren, wird es Sonntagmorgen 11 Uhr Ortszeit sein.«

»Werde ich denn das alles vergessen haben, wenn ich wieder zurück bin?«

»Nein, Sie werden zunächst sehr verwirrt sein, aber die Puzzleteile werden sich langsam zusammenfügen. Das ist zunächst notwendig, damit Sie sich in der Dualität wieder akklimatisieren können.«

»Ich vertraue Ihnen, Sie machen das ja schließlich nicht zum ersten Mal«, sagte ich und konnte mir ein Grinsen nicht verkeifen.

»Da haben Sie recht, das ist eine gute Entscheidung. Noch etwas müssen Sie wissen: Der Kapitän der Antares hat Ihnen beim Hinflug gesagt, dass Sie die Aussicht und den Flug genießen sollten. Das diente natürlich bereits der Vorbereitung für Ihren Aufenthalt hier. Dieses Mal wird es umgekehrt sein. Wenn sich die Türen der Antares hinter Ihnen schließen, werden Sie wieder auf das Energielevel von Planet Erde kalibriert. Dazu betreten Sie bitte die Kammer, die Sie direkt am Einstieg finden. Ab diesem Zeitpunkt werden Sie nichts mehr wahrnehmen können. Wir kümmern uns um alles, was notwendig ist. Das Nächste, was Sie bewusst erleben werden, ist das Zimmer in dem Hotel, für das Sie sich entschieden haben. Gibt es noch irgendwelche Fragen?«

Inzwischen waren wir am Eingang der Antares angelangt. Die Flugscheibe war bereit zum Start. Erst jetzt fiel mir die Schönheit und Ästhetik dieses Fluggerätes auf, und ich bedauerte, dass ich nicht mehr Zeit hatte, es genauer zu betrachten. Ich spürte Traurigkeit, weil ich Lambda 7 verlassen musste. Auch wenn ich keine Fragen hatte, suchte ich nach einem Grund, die Abreise zu verzögern. Ich gab mir keine Mühe zu sprechen, weil ich wusste, dass Oom´aa ohnehin jeden meiner Gedanken las.

»Sie müssen nichts mehr sagen. Die Kalibrierung lässt nach, das spüren Sie, weil Sie wieder in Kontakt mit Gefühlen aus der Dualität sind. Traurigkeit gibt es bei uns nicht. Aber ich habe noch etwas für Sie. Hier, nehmen Sie diesen Ring, er ist mit der Energie unseres Systems aufgeladen und kann Ihnen in vielen Situationen helfen. Außerdem wird er Ihnen als materieller Beweis dienen, dass Sie diese Erfahrungen wirklich gemacht haben. Denn das Erste, was Sie denken werden, wenn Sie zurück sind, ist, dass Sie alles nur geträumt haben oder Hirngespinste hatten. Der Ring zeigt Ihnen die Realität Ihrer Erlebnisse.«

Er gab mir einen silbernen Ring, in den ein tiefblauer Stein gefasst war. Meine Stimmung verbesserte sich sofort, als ich ihn auf einen meiner Finger schob.

»Ich danke Ihnen von Herzen dafür. Danke für Ihre Freundlichkeit, Ihre Gastfreundschaft und für alles, was ich hier erleben durfte oder musste, um meine Erinnerung wiederzufinden.«

»Wir bedanken uns bei Ihnen für den Mut, diese Schritte zu wagen, denn wir brauchen Sie und auch noch viele andere Menschen, die ihr göttliches Bewusstsein wiederentdecken. Jetzt ist es an der Zeit, zurückzukehren.«

Wir gaben uns ein letztes Mal die Hand, und wieder spürte ich, wie sich die unglaubliche Liebe, Kraft und Energie auf mich übertrugen. Ich ging die Stufen zur Antares hinauf. In der Tür drehte ich mich ein letztes Mal um.

»Das M-Projekt wartet auf Sie. Sind Sie bereit?«

Ich streckte beide Daumen nach oben und betrat die Antares. Die Tür schloss sich sofort hinter mir, und ich betrat die Kalibrierungskammer. Dort legte ich mich auf eine Bank und schloss die Augen.

»Ich bin glücklich. Ich bin dankbar. Ich bin bereit.«

KAPITEL XI

*M*it der Rückkehr von Lambda 7 veränderte sich meine Reise zur Erinnerung. Bis zu diesem Zeitpunkt reiste ich durch Fantasiewelten – so würde man diese Erlebnisse hier auf der Erde vielleicht am ehesten bezeichnen. Natürlich waren die Erlebnisse dort trotzdem höchst real. Parallelwelten – da haben Sie recht – ist ein besserer Ausdruck. Überhaupt bin ich überrascht, wie Sie meine Erzählung aufnehmen. Sie scheinen meinen Bericht sehr normal zu finden, stimmt das?

Die Geschichte finden Sie spannend und faszinierend, nun, das ist etwas anderes. Sie hatten ja bisher auch noch nicht die Zeit und die Ruhe, darüber nachzudenken. Das finde ich eine gute Einstellung, lassen Sie sich von der Energie der Erinnerung tragen. Allerdings muss ich Ihnen jetzt ein bisschen Ihre Illusion rauben. Denn als ich von Lambda 7 in die Dreidimensionalität zurückkehrte, wurde es ernst. Ich würde sogar sagen, dass nun meine Reise zur Erinnerung real wurde. Diese Formulierung ist natürlich ein spiritueller Witz, denn die Reise war zuvor auch real. Genauso wie unsere Reise hier im Flugzeug tatsächlich stattfindet.

Jetzt begann die Etappe der Reise, auf der ich meine Erinnerungen in die dreidimensionale Realität integrieren musste, und das war und ist bis heute eine besondere Herausforderung. Irgendwann, sogar in gar nicht mal so langer Zeit, wird dieses Flugzeug landen. Sie werden aussteigen, die Passkontrolle passieren, Ihr Gepäck abholen und wieder in Ihre Realität eintreten.

Sie haben wirklich Humor, das ist ein schönes Bild: Sie reisen in Ihr neues Leben ein. Da muss ich jetzt wirklich lachen, das gefällt mir. Aber es beschreibt genau das, was Ihnen bevorsteht.

Ich weiß wirklich nicht, wie ich von der Antares in dieses Hotel gekommen bin. Rückblickend kann ich sagen, dass es zwei Auffälligkeiten gab. Diese waren mir damals aber nicht bewusst, weil ich von den Ereignissen, die mich überrollten, so gefesselt war, dass ich wenig Zeit zum Nachdenken hatte. Die eine Auffälligkeit war ein Gefühl von unglaublicher Leere. Es war wirklich schrecklich, ich fühlte mich verloren, hatte das Gefühl, dass mein Leben völlig sinnlos sei und ich gar nichts erreicht hätte. Am liebsten hätte ich mich vom Balkon des Hotelzimmers in die Tiefe gestürzt. Aber wissen Sie was? Ich habe daran gedacht, und irgendetwas in mir wollte es sogar versuchen, aber es ging einfach nicht. Ich konnte den Balkon nicht betreten, obwohl ich das Gefühl hatte, dass ich nur springen müsste und diese unglaubliche Leere vorbei wäre – aber währenddessen spürte ich, dass dies nicht funktionieren würde.

Gleichzeitig – das war das Absurde an der Situation –, fühlte ich Geborgenheit: einerseits die innere Leere und den Wunsch, vom Balkon zu springen, sowie die Unfähigkeit das zu tun; andererseits Geborgenheit. Ich kann Ihnen meine Empfindungen nicht besser erklären. Heute glaube ich, dass diese extremen seelischen Spannungen ein Merkmal des Übergangs in die Realität sind.

Lustschmerz? So würden es vielleicht die Psychologen bezeichnen, aber ich spürte weder Lust noch Schmerz, es war wie nach Hause kommen. Das stimmt, Vertrauen empfand ich auch, aber Vertrauen ist für mich eher ein Resultat von Geborgenheit. Wissen Sie, das ist vielleicht schwer verständlich, aber ich war wieder Teil des göttlichen Bewusstseins. Ich fühlte es. Das war die Geborgenheit. Vertrauen ist ja eigentlich kein Gefühl. Nein, da muss ich Ihnen widersprechen. Vertrauen ist eine Entscheidung. Damit Sie vertrauen können, brauchen Sie eine Instanz, der Sie vertrauen. Deswegen ist es ja auch so schwer zu vertrauen, denn wir glauben, wir müssten uns einer externen Instanz, sei sie weltlich, spirituell, religiös oder sonst etwas, anvertrauen. Dann geben wir ja wieder die Kraft unserer Selbstverantwortung ab.

Seit meinem Reiseantritt ist dies für mich die fundamentale Veränderung in meinem Leben. Ich habe plötzlich unerschütterliches Vertrauen. In wen? Genau das ist die spannende Frage. Ziel der Reise in die Erinnerung ist die Wiederentdeckung des göttlichen Bewusstseins in uns selbst.

Ja, ich weiß, das hört sich immer blasphemisch an. Aber das ist genau der Grund, aus dem es möglich ist, Menschen zu unterdrücken und zu Gehorsam zu zwingen. Gott wurde aus uns herausgelöst und zu einer externen strafenden Instanz gemacht, die uns Gesetze vorschreibt. Das hat jahrhundertelang funktioniert.

Es stimmt, im Namen Gottes geschahen unglaubliche Grausamkeiten und Verbrechen. Aber das war nicht Gott. Der Gott in uns, der Gott, der wir sind, ist Liebe und Mitgefühl. Genau deswegen haben sie mich von Lambda 7 auf das M-Projekt geschickt.

Den zweiten Aspekt habe ich Ihnen noch vorenthalten. Der eine war dieses Gefühl von Leere und von Verlassensein. Das andere, was sich verändert hatte, war, dass mein Leben auf wundersame Weise funktionierte. Sie müssen sich dies so vorstellen: Bevor ich auf meine Reise ging, hatte ich einen Berufsalltag, Planungen, Termine, Verpflichtungen und Absprachen. Meine Rückkehr fügte sich diesbezüglich nahtlos in mein normales Leben ein. Aber darüber dachte ich erst viel später nach. Wissen Sie, ich glaube, die Reise begann viel früher. Lange vor dem Zeitpunkt, als ich das erste Mal gefragt wurde, ob ich bereit sei. Ich würde das so beschreiben: Auf einer höheren Ebene des Bewusstseins erklären wir uns, bevor wir auf die Erde kommen, bereit, diese Reise zu unternehmen. Gemäß dem göttlichen Gesetz, dass alles, was notwendig ist, zur Verfügung gestellt wird, beginnen die – nennen wir sie spirituellen organisatorischen – Vorbereitungen bereits viel früher. Inzwischen bin ich davon überzeugt, dass ich lange bevor ich diese Reise antrat, bereits Entscheidungen getroffen hatte, die alles ermöglichten, was nach meiner Rückkehr von diesem Teil der Reise erforderlich war. Die Übernachtung im Hotel hatte ich Monate im Voraus gebucht, weil ich einfach wieder einmal eine kurze Auszeit nehmen wollte. Davon hatte ich auf Lambda 7 keine Ahnung, trotzdem war es eigentlich selbstverständlich, dass ich das Hotel als Ziel nannte. Sie sehen, wie die Ebenen miteinander verbunden und ineinander verwoben sind. Es ist alles eins.

Bevor ich Ihnen erzähle, was weiterhin geschah, möchte ich Sie nochmals auf einen sehr wichtigen Aspekt hinweisen. Die Reise in die Erinnerung endet nicht mit der Rückkehr in die sogenannte normale Realität. Im Gegenteil: Dieser Übergang ist ein wichtiger Bestandteil der Reise. Wenn wir das Wissen über das göttliche Bewusstsein nicht in unsere Realität integrieren können, war die ganze Reise zur Erinnerung nicht erfolgreich. Eigentlich ging es für mich nach meiner Rückkehr erst richtig los.

Aber das hatte ich Ihnen schon mehrmals gesagt. Ja, ich muss selbst lächeln, weil ich mich damit wiederhole. Das liegt daran, dass ich oft dachte, dass die Erlebnisse, die ich gehabt hatte, nicht mehr übertroffen werden könnten, aber da habe ich mich stets geirrt. Vor allem konnte ich in all dem scheinbaren Wahnsinn, den ich noch erlebte, nach und nach eine Logik, einen Sinn erkennen. Ja, langsam begann ich sogar, die Reise zu genießen.

Ich wurde wach. Im Zimmer war es taghell, und ich blinzelte verschlafen. Ich lag in einem großen Bett. Die Tür zum Balkon war halb geöffnet, ich hörte das Rauschen eines Flusses. Ich hatte keine Ahnung, wo ich war, und beschloss, so lange in diesem Bett liegen zu bleiben, bis ich wusste, wo und warum ich dort war. Langsam begann ich, mich zu bewegen, mein Körper fühlte sich entsetzlich an, wie nach einer langen Reise im Flugzeug oder einer viel zu langen Autofahrt ohne Pausen. Vorsichtig bewegte ich meinen Kopf, nichts knackte, das war schon einmal ein gutes

Zeichen. Doch die Schultern taten mir weh, wie vom Tragen eines Rucksackes auf einer mehrtägigen Wanderung. Aber in dem Zimmer deutete nichts auf eine Bergtour hin.

›Überhaupt, wo sind meine Kleider?‹, dachte ich. Dann sah ich sie auf einem Sessel liegen: Jeans, Hemd, Strickjacke. Casual – warum auch immer. Dann entdeckte ich auch meine Schuhe, Freizeitmodelle einer Schweizer Firma, die verstreut auf dem Boden lagen. Wenn mich jemand hierhergebracht hätte, wären die Kleider vermutlich ordentlich zusammengelegt gewesen, so sah es aber eher typisch nach mir aus. Die Unordnung beruhigte mich daher sehr.

Das Zimmer kam mir irgendwie bekannt vor, auch wenn ich immer noch keine Ahnung hatte, wo ich gelandet war. Ich setzte mich auf die Bettkante. Mein Kopf tat scheußlich weh. Irgendwie fühlte er sich zerbrochen an. ›Kann man sich den Kopf zerbrechen?‹, fragte ich mich. Ich ließ mich wieder nach hinten auf das Bett sinken und starrte an die Decke. Ich weiß nicht, wie lange ich liegen blieb, aber schließlich beschloss ich, einen erneuten Versuch zu starten, aufzustehen. Die Ruhe schien geholfen zu haben, denn mein Kopf tat deutlich weniger weh. Ich erhob mich und wollte zum Balkon gehen, doch schon beim ersten Schritt taten mir die Beine weh. Muskelkater! Wo kam dieser Muskelkater her? Ich schleppte mich mühevoll zur Balkontür, schob sie zur Seite und betrat den Balkon. Der Blick hinunter ließ mich taumeln. Normalerweise konnte ich mit Höhe ganz gut umgehen. Offensichtlich war ich ziemlich weit oben, alles drehte sich, und ich setzte mich sicherheitshalber auf den Boden, der unangenehm kalt war. Ich war nicht auf der Sonnenseite des Gebäudes. In der Ferne schien die Sonne auf die Bäume und tauchte die Kronen in goldenes Licht. Wahrscheinlich war es ein Sommermorgen, der Himmel sah zumindest nach Morgenstimmung aus, und alles,

was ich sah, stand in prachtvollem Grün, das mich völlig einzu-
hüllen schien. Dann blickte ich durch die Brüstung des Balkons
auf den Fluss, der unter mir entlangströmte. Bisher hatte ich ihn
nur gehört. Er wirkte beruhigend, auch wenn ich nicht wusste,
was an dem Anblick eines Flusses beruhigend sein sollte – vielleicht war es einfach die Möglichkeit, wegschwimmen zu können.
Mir wurde kalt. Jetzt erst merkte ich, dass ich nur in Boxershorts
bekleidet auf dem kalten Betonboden des Balkons saß. Langsam
zog ich mich am Geländer hoch und wagte noch einen Blick
nach unten. Es ging schon besser. Anscheinend musste sich
mein Körper erst an die Umgebung gewöhnen – warum auch
immer. Irgendwie fühlte ich mich wie in der Fremde ausgesetzt
und musste mich erst einmal orientieren. Auch das Laufen ging
schon deutlich besser. Komisch eigentlich, normalerweise dauerte ein Muskelkater einige Tage an, aber irgendwie wunderte mich
dies auch nicht mehr. Ich betrat das Zimmer und hoffte, auf dem
Schreibtisch irgendwelche Unterlagen über das Hotel zu finden.
Tatsächlich lag dort ein Prospekt. Ich las den Namen des Hotels,
und ein Schauer lief mir den Rücken hinunter. Natürlich kannte
ich das Hotel, sehr gut sogar, weil ich oft dort war. Es erschreckte
mich, dass ich mich nicht erinnern konnte, dort angekommen
zu sein. Ich kam mir vor, als wäre ich aus einer anderen Welt
fallen gelassen worden und müsste jetzt zurückfinden. Ich fühlte mich, als wäre ich von irgendwoher zurückgekommen, und
gleichzeitig schien ich die vergangene Nacht auf einer ziemlich
langen und ausschweifenden Party gewesen zu sein. Ich konnte
mich aber an nichts erinnern.

Jetzt sah ich meinen Koffer auf der Ablage liegen. Ich durchquerte das Zimmer, stolperte dabei über meine herumliegenden
Schuhe und öffnete den Koffer. Darin waren die üblichen Dinge,
die ich auf eine Reise mitnehme: Sportkleidung und Laufschuhe,

Wechselwäsche, Teebeutel, meine Yogamatte, ein Kaffeemug von meinem letzten Urlaub auf Hawaii –, alles wie immer. Nachdenklich kratzte ich mich am Kopf. Mir kam immer noch keine Idee, warum ich in diesem Hotel war. Im Schrank hingen der übliche hoteleigene weiße Bademantel und ein Sakko, sonst nichts. Anscheinend hatte ich nicht vor, lange zu bleiben. Ich beschloss zu duschen, vielleicht würde das meine Erinnerung wiederbeleben. Auch im Badezimmer fand ich nichts Besonderes vor: Mein Waschbeutel war ausgeräumt, und die Sachen lagen um das Waschbecken verteilt – alles wie immer. Alle Handtücher waren unbenutzt, überhaupt sah das Bad frisch gereinigt aus, als wäre es noch nicht benutzt worden. Entweder war es, während ich schlief, nochmals gereinigt worden – sehr unwahrscheinlich –, oder ich war ohne Badbenutzung direkt ins Bett gefallen – auch sehr unwahrscheinlich. Ich schüttelte den Kopf, mein Spiegelbild sah aus wie jeden Morgen, nicht müder oder wacher als sonst. Aufmerksam betrachtete ich mein Gesicht, aber ich fand keine Beulen, blauen Flecken oder sonstige Hinweise auf irgendeine ungewöhnliche nächtliche Aktivität darin. ›Beruhigend‹, dachte ich und stieg in die Dusche. Der warme Strahl tat meinem Körper gut. Das Wasser strömte über meine Haut, schien irgendetwas von mir abzuwaschen und mich wieder in die Realität zurückzubringen. Der Wasserstrahl war heiß, und ich sah, wie sich meine Haut langsam rötete, aber ich wollte nicht aufhören, ich wollte die Duschkabine nicht verlassen, ohne zu wissen, was mich in dieses Zimmer gebracht hatte. Schließlich wurde es mir doch zu heiß, viel zu heiß, und ich drehte das warme Wasser ab. Ein eiskalter Strahl wie ein erschreckender Blitz traf meinen Körper, und plötzlich war ich hellwach. Ich drehte das Wasser ab und nahm das Handtuch aus der Ablage. Das Badezimmer hatte sich in ein Dampfbad verwandelt. Ich öffnete die Badezimmertür, damit der Dampf schneller abzog, und wischte am beschlagenen Spiegel eine Rundung frei. Das kalte Wasser hatte mich in die Realität zurückgebracht, auch wenn ich mich immer noch an nichts erinnern konnte. Aber ich hatte plötzlich das Gefühl, dass ich an einem Ort, den ich gut kannte, in einem Hotel, in dem ich gern war, angekommen war. Mehr wusste ich im Moment nicht. Ich putzte mir die Zähne, rasierte mich und beendete meine Morgentoilette wie üblich. Dann nahm ich den Bademantel aus dem Schrank, zog ihn mir über, setzte mich in den Sessel und dachte nach.

In dieses Hotel ging ich nur, wenn ich eine Auszeit brauchte oder ich es mir gut gehen lassen wollte. In der Regel war ich immer nur eine Nacht dort. Ich erinnerte mich dunkel daran, dass ich eine anstrengende Zeit hinter mir hatte, und glaubte auch, mich zu entsinnen, dass ich diesen Hotelaufenthalt gebucht hatte. Aber vielleicht täuschte ich mich auch selbst, um mir zu erklären, warum ich hier war.

›Mein Kalender‹, schoss es mir wie ein Blitz durch den Kopf. Ich sprang auf und suchte meine Tasche. Ich fand sie sofort unter dem Schreibtisch, wo ich sie immer hinlegte, wenn ich in diesem Hotel war. Entweder war ich eigenständig angekommen, oder wer auch immer mich hergebracht hatte, kannte meine Gewohnheiten sehr gut. Der Kalender befand sich am gewohnten Platz. Ich öffnete ihn, und auf der Seite, die ich aufgeschlagen hatte, war tatsächlich mit Bleistift die Übernachtung in diesem Hotel eingetragen, genau so, wie es meiner Gewohnheit entsprach. ›Merkwürdig‹, dachte ich und schaute aus dem Fenster. Dann wollte ich in dem Kalender blättern, doch ich warf ihn sofort mit einem erschrockenen Schrei von mir. Ich wich einen Schritt zurück, starrte auf den Kalender, dann auf meine Hände, die aber unversehrt waren.

Vorsichtig nährte ich mich wieder dem Kalender, hob ihn auf und blätterte erneut darin. Seite für Seite, von vorn nach hinten, ich schüttelte ihn aus, in der Hoffnung, dass irgendwo ein Hinweis versteckt wäre. Es war zweifellos mein Kalender, die persönlichen Angaben auf dem Deckblatt stimmten überein, es war meine Handschrift, alle Eintragungen waren mit Bleistift gemacht worden. Fassungslos und staunend stand ich in dem Zimmer und blickte immer wieder in den Kalender. Ich blätterte schließlich ein weiteres Mal hin und her, aber es ließ sich nicht ändern. Der Kalender verfügte über Seiten mit Notizfeldern und vorgegebenen Zeilen, mit denen sich der tägliche Zeitablauf von 7 bis 22 Uhr einteilen ließ. Alles war, wie es sich für einen Kalender gehörte, und ich war mir absolut sicher, dass es sich um mein persönliches Exemplar handelte.

Aber dieser Kalender hatte keine Datumsangaben. Es waren weder Wochentage noch Monatsangaben abgedruckt – nichts. Es gab nur Seiten mit einer Zeiteinteilung des Tages, aber ohne jegliche kalendarische Zuordnung. Das Verrückteste war, dass nur ein einziger Tag etwa in der Mitte des Kalenders einen Eintrag hatte: Dieser betraf meinen Hotelaufenthalt. Als ich vom Balkon ins Grüne geblickt hatte, hatte ich vermutet, dass es Sommer war. Das konnte ungefähr mit der Stelle im Kalender, an der ich den Vermerk gefunden hatte, übereinstimmen. Aber ansonsten gab es keine weiteren Hinweise. Ratlos sank ich in den Sessel. Ich starte verstört aus dem Fenster, schüttelte den Kopf, und der Kalender fiel auf den Boden.

Ich weiß nicht, wie lange ich vor mich hindämmerte. Als ich die Augen wieder öffnete, schien im Zimmer alles unverändert, und ich hatte immer noch keine Erklärung für meine Situation: ohne Erinnerung in einem Hotel, ein unberührtes Badezimmer und ein sehr merkwürdiger Kalender. Jedoch vertraute ich plötzlich darauf, dass alles seine Richtigkeit hätte und sich alles zum richtigen Zeitpunkt aufklären würde. Ich war über mich selbst sehr erstaunt, denn so etwas war völlig untypisch für mich. Eigentlich neigte ich zur Kontrolle und wollte die Zusammenhänge kennen und selbst gestalten. Jetzt war ich, ohne zu wissen, warum, in einer völlig gegenteiligen Gefühlswelt angekommen. Meine Lage beunruhigte mich nicht einmal mehr, nein, irgendwie fand ich sogar Gefallen an diesem Abenteuer.

Plötzlich bemerkte ich, dass ich noch gar nicht angezogen war, und ging zu meinem Koffer. Nachdem ich mich angekleidet hatte, überlegte ich, wie es weitergehen sollte. Vermutlich musste ich heute noch auschecken. Ich sah auf die Uhr: 11.11 Uhr. Prima, was für ein Zufall, und gefrühstückt hatte ich auch noch nicht. Ich war überrascht, mit welcher Leichtigkeit ich meine Situation plötzlich annehmen konnte. Für diese hatte ich zwar immer noch keine Erklärung, doch diese Akzeptanz machte die Sache wesentlich einfacher. Die offizielle Frühstückszeit war vorbei, und ich wollte versuchen, etwas beim Zimmerservice zu bestellen.

In diesem Moment klopfte es. Ich ging zur Zimmertür und hörte »Housekeeping« von draußen. ›Was wollen die jetzt?‹, fragte ich mich. Ich öffnete die Tür. Vor mir stand ein junger Kellner mit strahlendem Lächeln und einem großen Servierwagen. Verdutzt fragte ich ihn, ob er sich geirrt hätte, aber er beharrte darauf, dass ich für 11.15 Uhr Frühstück bestellt hätte. Ich beschloss, die Dinge so zu nehmen, wie sie kamen, und bat ihn herein. Er trat ein, und während er das Frühstück auf dem Tisch anrichtete, dachte ich an meinen Geldbeutel. Mir wurde heiß, und ich dachte: ›Jetzt wird es spannend.‹ Zu meiner Beruhigung und meinem gleichzeitigen Erstaunen stellte ich fest, dass er sich wie gewöhnlich in der Sakkotasche befand. Ich gab dem Kellner Trinkgeld, dankte ihm und stand staunend vor dem Frühstückstisch. ›Was hatte ich da bestellt?‹ Es war einfach alles da. Ich musste in einem Rausch völliger Umnachtung einfach alles bestellt haben, was möglich war. Das war nun sehr untypisch für mich und kam mir verdächtig vor. Daher beschloss ich, an der Rezeption nachzufragen. Nachdem man mich ins Restaurant weiterverbunden hatte, sagte man mir, dass ich selbst gar kein Frühstück bestellt hätte, sondern dass es von einer anderen Person abends im Restaurant bestellt und auch sofort bezahlt worden sei. Wer diese Person war, ließ sich nicht feststellen, denn das hatte die Spätschicht erledigt. Man konnte mir nur sagen, dass der Beleg um 23.23 Uhr elektronisch gebucht worden war. Ich bedankte mich und legte auf.

Jetzt wurde ich doch etwas unruhig, denn das Ganze nahm merkwürdige Züge an. Irgendeine fremde Macht schien hier ihre Finger im Spiel zu haben: 23.23 Uhr, kurz nach 11 Uhr abends, gerade hatte ich um 11.11 Uhr auf die Uhr geblickt – das konnten doch keine Zufälle sein. Trotz aller Merkwürdigkeiten wollte ich erst einmal frühstücken, denn ich war wirklich ausgehungert. Entweder hatte ich sehr lange nichts mehr gegessen, oder etwas sehr Anstrengendes lag hinter mir. Schließlich konnte ich ja auch beim Essen weitergrübeln.

Nach dem Frühstück hatte ich einen Plan geschmiedet – sofern man von einem Plan sprechen konnte. Weil ich schlecht an die Rezeption gehen konnte, um zu fragen, wann und wie ich angekommen war, musste ich mir etwas anderes einfallen lassen. Ich rief an der Rezeption an und fragte, ob ich einen Late-Check-out machen könnte. Sollte ein solcher schon vereinbart worden sein, würde dies nicht auffallen. Mir wurde tatsächlich ein Check-out für 14 Uhr bestätigt, allerdings für den Folgetag. Ich bedankte mich schnell, damit die freundliche Dame an der Rezeption meine Verwirrung nicht bemerkte. Immerhin war mir nun klar, wie lange ich im Hotel bleiben durfte. Das Absurde war, dass ich ja nicht wusste, welche Termine ich versäumte, wenn ich so lange im Hotel blieb, weil ich ja laut meinem Terminkalender gar keine hatte. Das Merkwürdigste daran war, dass ich deswegen kein bisschen nervös war. Ganz im Gegenteil, zu wissen, dass ich noch eine Nacht im Hotel bleiben durfte, beruhigte mich.

Als Nächstes ging ich zu meinem Koffer, um Wäsche und Utensilien genauer zu untersuchen. Dabei stellte ich fest, dass sich keine gebrauchte Wäsche im Koffer befand, dafür aber Wechselwäsche für weitere zwei Tage. Das ließ den Schluss zu, dass ich tatsächlich erst am Tag zuvor im Hotel angekommen war. Es war für alles gesorgt. Eigentlich gab es nichts Ungewöhnliches, außer dass ich nicht mehr wusste, wie ich ins Hotel gekommen war, und dass ich über einen Terminkalender ohne Datumsangaben verfügte. Ich beschloss daher, loszulassen und abzuwarten. Ich begann, die Zeitung, die mit dem Frühstück gebracht worden war, zu lesen und anschließend in den Fitnessraum des Hotels zu gehen. Vielleicht war ich ja wirklich nur da, um mich zu erholen, und irgendeiner meiner Freunde hat sich einen Scherz mit dem Terminkalender erlaubt.

Der Fitnessraum des Hotels war sehr komfortabel und mit vielen unterschiedlichen Geräten ausgestattet. Daher beschloss ich, mir Zeit zum Trainieren zu nehmen, und nach mehreren Runden Drücken, Stemmen und Heben von Gewichten wollte ich noch eine halbe Stunde auf das Laufband. Jetzt erst fiel mir auf, dass der Fernseher im Raum nicht in Betrieb war, und auch die Bildschirme an den Cardiogeräten funktionierten nicht. Ich ging zum Empfang des Wellnessbereiches, um deshalb nachzufragen. Trotz einiger Wartezeit war niemand anzutreffen. Ich entschied mich, auch dies zu akzeptieren, und lief eine Runde auf dem Band.

Schließlich wollte ich müde und verschwitzt ins Zimmer zurückkehren. Als ich im Aufzug den Knopf für die Etage drückte, wurde mir bewusst, dass ich auch noch auf der 11. Etage untergebracht worden war. Langsam wurden mir die Zufälle zu viel. Ich ging den langen Gang zu meinem Zimmer entlang und hoffte, dass es schon gereinigt war, weil ich spürte, dass ich ein wenig Zeit für mich benötigte. Ich betrat mein Zimmer, blickte ins Bad und fand alles wieder sauber vor. Erfreut ging ich zur Minibar, um etwas Kühles zu trinken, und zum wiederholten Mal an diesem Tag stockte mir vor Erstaunen der Atem.

Auf dem Tisch stand ein riesiger, wunderschöner Blumenstrauß. Davor befand sich in einem Briefumschlag eine Grußkarte. Ich klappte sie auf und las: »Herzlichen Glückwunsch zum Geburtstag!«

Kapitel XII

So begann meine Rückkehr ins Leben. Ja, im Nachhinein kann man auch Landung sagen, schließlich war ich ja mit der Antares auf die Erde gebracht worden. Aber das wusste ich zu diesem Zeitpunkt alles nicht mehr oder noch nicht – je nach Sichtweise.

Ich habe mir gedacht, dass Sie zuerst nach der Zahl 11 fragen würden. Das machen die meisten, wenn ich von meiner Reise erzähle. Nein, die Erinnerung hat nicht zwingend etwas mit dieser Zahl zu tun. Aber die ungewöhnliche Häufung sogenannter Zufälle weist auf den Neubeginn hin. Dann findet die Integration der Erinnerung in das Alltagsbewusstsein statt. Bei mir war einer dieser Zufälle das wiederholte Auftauchen der Zahl 11.

Bei Ihnen wird es bestimmt etwas anderes sein. Wenn Sie sich allerdings zu dieser Reise entschlossen haben und in die Phase kommen, in der Sie wieder in die dreidimensionale Welt eintreten, häufen sich diese Zufälle, die natürlich keine sind. Es sind Signale, die Ihre Aufmerksamkeit wecken sollen. Anschließend beginnt wie bei einem Computer eine Art Download: Nach und nach werden Ihnen die Erfahrung und das Wissen, all das, was Sie auf der anderen Ebene gesammelt haben, wieder zur Verfügung gestellt, sodass Sie es in Ihr Leben integrieren können.

Die Geschichte mit dem Blumenstrauß war auch sehr kurios. Sie können sich denken, dass ich natürlich sofort an der Rezeption anrief und nachfragte, wer die Blumen geliefert hatte. Sicherlich sind Sie jetzt nicht verwundert, wenn ich Ihnen sage, dass sich an der Rezeption niemand daran erinnern konnte. Natürlich konnte auch nicht herausgefunden werden, wer den Blumenstrauß auf mein Zimmer gebracht hatte. Ja, es wurde sogar noch lustiger. Normalerweise werden Aufträge dieser Art an die Hausdame weitergeleitet, und diese gibt Anweisungen an die entsprechenden Personen weiter. Die Hausdame hatte aber keinen Auftrag erhalten, Blumen auf ein Zimmer zu bringen. Sie kam sogar extra vorbei und gratulierte mir auch noch zum Geburtstag. Sie können sich sicher denken, was ich Ihnen jetzt erzählen werde? Genau! Ich hatte gar nicht Geburtstag. Ich wusste zu diesem Zeitpunkt nicht, welches Datum wir hatten. Aufgrund des Wetters, des Aussehens der Natur, der Temperatur und des Sonnenstandes schloss ich, dass wir Sommer hatten, und im Nachhinein stellte sich diese Folgerung auch als richtig heraus. Ich habe aber im Frühjahr Geburtstag, irgendetwas konnte also nicht stimmen.

Wie sich das Ganze dann später aufgeklärt hat und ich wieder in meinem richtigen Alltagsleben gelandet bin? Berechtigte Frage, aber ich muss Ihnen leider sagen, dass ich es nicht weiß. Das wurde alles von unsichtbarer Hand in die Wege geleitet. Plötzlich hatte ich wieder Termine, mein Kalender sah aus wie früher – es fügte sich letztlich alles. Wenn Sie von Ihrer Erinnerungsreise in das sogenannte normale Leben zurückkehren, ist dies wirklich das herausragende Merkmal. Es fügt sich alles, nur dürfen Sie sich dem Prozess nicht entgegenstellen. Das ist sehr wichtig, sonst erschaffen Sie unglaubliche Widerstände. Dies alles wusste ich zu diesem Zeitpunkt im Hotel noch nicht, zum Glück ließ ich mich quasi treiben. Die beiden Tage im Hotel waren sozusagen meine Integrationsphase, ich befand mich in einer Zwischenzeit, und ich weiß auch nicht, was in meinem »normalen« Leben in dieser Zeit geschah. Aber es musste alles normal verlaufen sein, weil sich keinerlei Probleme ergaben. Das Witzige ist, dass Sie diese Phase der Integration aus irgendeinem Grund unbewusst planen, bevor Sie die Reise antreten. Daran können Sie sehen, wie die vielen Ebenen des göttlichen Bewusstseins wirken und zusammenarbeiten.

Wie diese Phase bei Ihnen verlaufen wird? Das kann ich Ihnen nicht sagen. Noch haben Sie Zeit zu überlegen, denn ich bin mit meinem Bericht längst noch nicht am Ende, und unser Flug dauert ebenfalls noch einige Zeit.

Vielleicht kann man es so ausdrücken: Weil wir uns getroffen haben und Sie meinen Bericht anhören, hat Ihre Reise vermutlich bereits begonnen. Auch Sie werden landen und all das Wissen in Ihr Leben integrieren müssen. Vermutlich haben Sie ebenfalls bereits unbewusst irgendeine Integrationsphase geplant, nur wissen Sie das natürlich noch nicht. Aber vielleicht werfen Sie mal einen Blick in Ihren Kalender, um herauszufinden, ob es einen auffälligen Eintrag gibt.

Wie? Das gibt es doch nicht! Das ist ja schon sehr komisch! Nein, komisch ist es nicht, natürlich bedauere ich den Verlust. Aber es ist ein seltsamer Zufall, dass Sie mir das ausgerechnet jetzt erzählen.

Wann haben Sie denn bemerkt, dass Sie Ihren Kalender verloren haben? Am Tag Ihrer Rückreise? Sehr interessant. Sie sehen, Sie sind schon mittendrin. Aber seien Sie beruhigt, ich kann Ihnen aus eigener Erfahrung versichern, dass es keine Probleme geben wird. Das wird alles für Sie erledigt werden. Bitte glauben Sie mir! Wichtig ist vor allem, dass Sie sich auf die Aufgaben, die vor Ihnen liegen, konzentrieren.

Wie es im Hotel weiterging? Stimmt, das habe ich Ihnen ja noch gar nicht erzählt. Es gab noch einige merkwürdige Ereignisse, aber diese waren nur sanfte Vorbereitungen, die mich trainierten, mein Vertrauen zu stärken, und den Download des Wissens und der Erfahrungen bewerkstelligten. Schließlich war das Ziel dieser Integrationsphase, dass ich all das, was ich erlebt hatte, in meinem Alltagsleben würde anwenden können. Der Grund für die Reise der Erinnerung ist der, dass wir wieder in dem Wissen und dem Bewusstsein unserer Göttlichkeit leben und dadurch Veränderungen auf der Welt erschaffen können.

Sie möchten den Unterschied zwischen Wissen und Bewusstsein erfahren? Wissen bedeutet, dass Sie etwas zur Kenntnis genommen haben. Das muss aber längst noch nicht heißen, dass Sie dies verstanden haben oder in Ihr Leben integrieren wollen. Bewusstsein bedeutet, dass Sie dieses Wissen auf allen Ebenen in Ihr Leben aufgenommen haben und dieses wirklich leben können und wollen. Was nützt es denn, wenn man sich in hohen spirituellen Sphären befindet, viel Wissen ansammelt, sich aber das eigene Leben innerhalb der Dualität nicht verändert? Denken Sie daran, wir leben noch immer in der Dualität, und unsere Aufgabe besteht darin, unser göttliches Bewusstsein wachsen zu lassen. Aber nun erzähle ich Ihnen, wie die Geschichte im Hotel weiterging.

Nachdenklich, vom Sport verschwitzt und zugegebenermaßen etwas ratlos stand ich in meinem Zimmer, blickte auf den Blumenstrauß und überlegte, wer mich mit wem verwechselt haben könnte. Schließlich zog ich es vor zu duschen. Das brachte mich zwar nicht auf andere Gedanken, aber einmal mehr hatte das Wasser eine reinigende Wirkung auf mich, und ich konnte die Situation etwas gelassener sehen. Ich zog mich an und beschloss, mich in die Lobby zu setzen, in der Hoffnung, dass die eine oder andere Erinnerung zurückkäme. Als ich gerade das Zimmer verlassen wollte, klingelte das Telefon.

»Ja, bitte?«

»Hier ist die Rezeption. Wir wollten Ihnen mitteilen, dass Ihr Gast in der Lobby auf Sie wartet.«

»...«

»Hallo? Sind Sie noch am Apparat?«

Ich räusperte mich, bevor ich erwiderte: »Ja. Wo ist denn mein Gast?«

»Die Dame sitzt in der Lobby an der Fensterseite.«

»Vielen Dank. Sagen Sie ihr doch bitte, dass ich gleich da bin.«

Ich hatte keine Ahnung, wer das sein konnte. Besuch? Eine Dame? Ich blickte in meinen Terminkalender, vielleicht hatte sich ja auf wundersame Weise ein neuer Termin eingetragen, aber es war keiner zu sehen. Ratlos verließ ich das Zimmer. Auf dem Weg zum Aufzug überlegte ich, wer meine Besucherin sein könnte und wie man eine Dame begrüßte, die man nicht kannte. Ich betrat die Lobby, ließ den Blick schweifen und entdeckte sie. Oder vielmehr hatte sie mich bereits erkannt, denn sie war aufgestanden und winkte freundlich. Langsam, um Zeit zu gewinnen, durchquerte ich die Lobby und ging betont lässig und entspannt, die linke Hand in der Hosentasche, auf sie zu.

Sie war etwa so groß wie ich, vielleicht etwas kleiner, denn sie hatte hohe Schuhe an – ein extravagantes Modell, dunkelblau, mit Absätzen, auf denen ich nicht einmal wenige Sekunden hätte stehen können. Dazu trug sie ein passendes dunkles, gedecktes Kostüm. Die Länge des Rockes hätte eine Frau als zu kurz bezeichnet, ein Mann fand ihn noch nicht zu kurz. Die weiße Bluse mit diskreten Rüschen an der Knopfreihe bauschte sich sanft um ihren schlanken Oberkörper. Ihre diskrete Sinnlichkeit erforderte, dass nur der oberste Knopf der Bluse geöffnet war. Sie hatte braunes längeres Haar, das sich frei, fast eigensinnig über ihre Schultern legte. Als ich ihr ins Gesicht blickte, empfingen mich strahlende, lachende, smaragdgrüne Augen, die Herzlichkeit, Liebe und eine unglaubliche Freude ausstrahlten.

›Woher kenne ich sie nur?‹, dachte ich. Dann hörte ich ihre Stimme.

»Herzlich willkommen.«

Sie reichte mir ihre Hand, gepflegte Fingernägel, grün lackiert in perfekter Abstimmung mit ihren Augen. An ihrem Handgelenk klimperte ein Armband aus Steinen.

»Vielen Dank«, antwortete ich. Wir schüttelten uns die Hände, und verlegen versuchte ich, ihrem Blick auszuweichen.

»Setzen wir uns«, sagte ich und überlegte fieberhaft, wie man ein Gespräch führen könnte, ohne zu wissen, worum es ging.

»Sie wissen, warum wir uns treffen?«, fragte sie.

»Um ehrlich zu sein ...«, gab ich stotternd zu.

»Kein Problem. Ich habe die Tickets dabei.«

»Die Tickets ...?«

»Für die Oper heute Abend.«

»Ach ja, genau.« Ich hatte allerdings nicht die geringste Ahnung, wovon sie sprach.

Sie legte ihre Tasche auf den Schoß und begann, darin zu kramen.

»Hier sind sie. Zwei Karten für die Festspiele heute Abend, erste Reihe, Balkon, sehr gute Plätze. Haben Sie sonst noch Fragen?«

»Nein. Vielen Dank, dass Sie vorbeigekommen sind, um mir die Karten zu bringen.«

»Sehr gern. Dann sehen wir uns heute Abend.«

Wir erhoben uns, sie gab mir die Hand, lächelte und verließ das Hotel. Ich blickte ihr nach. Was war das für ein Traum, in dem ich gelandet war? Ich setzte mich wieder, denn ich war viel zu verwirrt, um sofort wieder auf mein Zimmer zurückzukehren. Außerdem wollte ich Menschen um mich herum haben, denn ich hatte ein wenig Angst vor dem Alleinsein. Ich öffnete den Briefumschlag, den sie mir gegeben hatte. Darin befanden sich tatsächlich zwei Opernkarten. Merkwürdigerweise waren weder Datum noch Anfangszeit aufgedruckt.

›Das ist doch zum Verrücktwerden‹, dachte ich. Wenn ich morgens nicht persönlich auf dem Laufband gewesen wäre und irgendwelche Gewichte gestemmt hätte, wäre ich mir nicht sicher gewesen, dass ich mich gerade in meiner dreidimensionalen Realität befand.

Immerhin wusste ich, wo die Oper war. Meine Aufgabe bestand nur darin, pünktlich dort anzukommen – allerdings ohne das Datum und den Vorstellungsbeginn zu kennen.

»Möchten Sie etwas trinken?« Eine freundliche junge Frau stand vor mir und lächelte mich an.

›Was ist nur los, ständig werde ich bestens behandelt, freundlich angelächelt und bekomme Blumen und Opernkarten geschenkt?‹, fragte ich mich.

»Ja, gern. Einen Espresso, nein, besser einen doppelten.«

»Sehr gern.«

»Moment noch bitte. Haben Sie auch Kuchen?« Etwas Süßes würde mich vielleicht auf den Boden der Tatsachen zurückbringen und beweisen, dass ich all dies gerade wirklich und tatsächlich erlebte. Sie nannte mir eine unwiderstehliche Auswahl an Torten und Kuchen, und ich entschied mich für ein Stück bayerische Cremetorte. Während ich mit Genuss meinen Espresso trank und die vorzügliche süße Torte verzehrte, war ich mir sicher, dass ich nicht träumte, keine Halluzinationen hatte und mich tatsächlich in der Wirklichkeit befand. Der Geschmack von Vanille, Sahne und Marzipan war so betörend, dass er nur real sein konnte.

Die Oper des Abends war eine meiner erklärten Lieblingsopern. Wer wusste das? Warum bekam ich zwei Karten geschenkt? Was bedeutete es, dass die Unbekannte gesagt hatte, dass wir uns abends sehen würden? Fragen über Fragen. Schließlich entschied ich mich, das Ganze – wie alles andere bisher auch – loszulassen, bezahlte und kehrte auf mein Zimmer zurück. An der Tür blieb ich einen Moment stehen und fragte mich, welche Überraschung mich dieses Mal wohl erwarten würde. Dann schob ich die Karte ins Schloss, öffnete die Tür und betrat das Zimmer. Nichts hatte sich verändert. Dafür wurde mir schlagartig klar, dass ich für die

Oper keinen Anzug dabeihatte. Zu meiner großen Freude fand ich immerhin noch ein Businesshemd in meinem Koffer. Alles leger und chic, nur war es keine Abendgarderobe. Aber ich beschloss, dass dies wohl auch zu dem unheimlichen Plan gehören musste, von dem ich gerade ein Teil war. Ich war mir sicher, dass ich bis zum Abend noch etwas Zeit hatte, und beschloss, mich noch etwas auszuruhen.

Ich zog mich aus, legte mich aufs Bett und war augenblicklich in einer anderen Welt. Ich sah wilde Tiere, mit denen ich kämpfte, traf eine Frau, die sich Emeralda nannte und von einem Ungeheuer gefressen wurde, reiste in einem Raumschiff zu einem fernen Universum, sah Menschen, Licht und Planeten. Irgendjemand fragte mich, ob ich bereit sei. Dann schreckte ich hoch und war schweißgebadet. Das Kopfkissen und die Bettdecke waren durchgeschwitzt. ›Ich habe verschlafen‹, schoss es mir durch den Kopf. Aber als ich auf die Digitaluhr blickte, merkte ich, dass gerade einmal 11 Minuten vergangen waren – schon wieder die 11! Eilig ging ich ins Bad und duschte zum dritten Mal an diesem Tag. Wieder hatte das warme Wasser eine belebende und reinigende Wirkung auf mich. Als ich aus der Dusche stieg, fühlte ich mich wie ein neuer Mensch.

Plötzlich wusste ich, dass alles zu einer göttlichen Ordnung gehörte; es störte mich überhaupt nicht mehr, dass sich so viele unerklärliche Dinge ereigneten, weil ich sie nicht mehr sonderbar fand. Ich war in ein völlig neues Lebensgefühl eingetreten – wie ausgewechselt. Ich hatte noch denselben Körper, davon konnte ich mich im Spiegel überzeugen, aber innerlich war alles neu. Plötzlich fand ich es normal, mit einer Eintrittskarte ohne Datum und Uhrzeit in die Oper zu gehen. Ich hatte irgendwie das Gefühl, dass ich angekommen war, auch wenn ich noch nicht wusste, wo. Auch dies störte mich nicht im Geringsten.

Ich zog mich an, verließ freudig das Zimmer, wartete ungeduldig und voller Vorfreude am Aufzug, durchquerte schnellen Schrittes die Lobby und setzte mich in ein wartendes Taxi. Als ich die Oper erreichte, sah ich Menschen in festlicher Kleidung auf den Treppen in der Abendsonne stehen. Dies war für mich ein Anblick von unglaublicher Schönheit. So oft war ich in meinem Leben schon in der Oper gewesen und hatte genau diesen Moment erlebt, doch noch nie hatte ich ihn als so schön und voller Freude empfunden. Das Taxi hielt genau vor der Haupttreppe, ich ging hinauf und blickte um mich. Die warme Abendsonne schien mir ins Gesicht. Dann sah ich sie. Das Licht streichelte ihr Haar, und ich erkannte darin einen rötlichen Schimmer. Sie hatte ein smaragdgrünes Kleid gewählt und trug schwarze Schuhe mit atemberaubenden Absätzen. Als sie mich erblickte, kam sie auf mich zu. Ich hatte immer noch nicht die geringste Ahnung, was hier eigentlich geschah, aber ich fand es einfach wunderbar.

»Guten Abend, schön, dass Sie gekommen sind.«

Ich beschloss, das Spiel mitzuspielen: »Sehr erfreut. Ich habe noch eine zweite Karte. Möchten Sie mich in die Oper begleiten?«

»Nichts lieber als das«, antwortete sie mit einem strahlendem Lächeln.

Schweigend standen wir eine Zeit lang nebeneinander und blickten auf den Platz vor uns.

»Ich soll Sie herzlich von Emeralda grüßen«, sagte sie plötzlich.

Ich schwieg. Den Namen hatte ich in meinem Traum gehört.

»Danke«, erwiderte ich schließlich.

»Sie hat mich zu Ihnen geschickt und mir gesagt, dass ich Sie etwas fragen soll.«

»Aha, und was sollen Sie mich fragen?«

»Sind Sie bereit?«

Ich musste lauthals lachen. Mühsam versuchte ich, mich zu beherrschen, weil die umstehenden Menschen bereits aufmerksam wurden. Aber ich konnte und wollte mich nicht mehr beherrschen. Immer mehr Menschen um mich herum begannen ebenfalls zu lachen, und keiner von ihnen wusste, wieso. Aber es war ein Moment unglaublicher Erleichterung und Herzlichkeit. Schlagartig hatte sich unter allen Anwesenden eine strahlende Freude ausgebreitet. Selbst die Logenschließer, die eigentlich Karten kontrollieren sollten, ließen die Menschen ohne Überprüfung eintreten, weil sie aus purer Freude lachen mussten. Ich lachte, lachte und lachte. Ich konnte mich nicht erinnern, jemals so freudig und glücklich aus dem Herzen gelacht zu haben. Meine Begleiterin blickte mich an, und auch sie lachte von Herzen. Als sich der Sturm der Freude gelegt hatte und die Lachtränen getrocknet waren, sah sie mich an.

»Ich habe keine Ahnung, was diese Frage zu bedeuten hat oder wer Emeralda ist«, sagte sie.

»Ich auch nicht. Aber eines weiß ich: Ja, ich bin bereit!«

Ich nahm sie in den Arm, und wir betraten die Oper. Karten mussten wir keine mehr vorzeigen. Wir stiegen die Treppen hinauf und nahmen unsere Plätze ein. Der große rote Vorhang mit den goldenen Lorbeerkränzen hob sich, das Licht wurde gedimmt, Applaus für den Dirigenten brandete auf. Ich nahm ihre Hand und fühlte mich glücklich in meinem Leben angekommen.

Nach der Oper erwartete uns eine warme Sommernacht mit sternklarem Himmel. Langsam schritten wir die Treppe hinunter auf den großen Platz vor der Oper. Menschen zogen an uns vorbei wie Meereswellen, die einen Felsen umspielen. Wir nahmen uns in die Arme und küssten uns.

Kapitel XIII

Wer die unbekannte Schöne war? Geduld. Bitte bedenken Sie, ich war immer noch in der Übergangsphase. Natürlich gehen nicht alle Menschen, die ihre Erinnerungsreise antreten, in die Oper. Warum ich in die Oper gelotst wurde? Ja, gelotst ist der richtige Ausdruck – weil die Oper für mich seit jeher ein besonderer Ort war, und daher kamen bei mir dort offensichtlich bestimmte Prozesse leichter in Gang.

Welche Prozesse? Ich versuche es einmal folgendermaßen zu beschreiben: Für die spirituelle Welt – ob Engel, Gott oder wer auch immer – ist es leichter, mit uns zu kommunizieren, wenn wir in einem entspannten, glücklichen Zustand sind. Ziel dieser Integrationsphase ist es, das während der Reise gewonnene Wissen in der dreidimensionalen Welt zur Verfügung gestellt zu bekommen. Bitte sehen Sie diese Übergangsphase nicht als eine lineare Abfolge an, in der Sie zuerst in einem Hotel aufwachen, dann eine Frau treffen und so weiter.

Das wäre schön für Sie? Aber bitte, Sie haben doch die Wahl. Sie können das manifestieren. Ich möchte damit nur ausdrücken, dass dieser Prozess bei jedem Menschen anders verläuft, aber er findet auf jeden Fall statt.

Sind Sie Romantiker? Weil Sie mich daran erinnern, dass ich Ihnen immer noch nicht gesagt habe, wer die unbekannte Schöne war. Zum damaligen Zeitpunkt wusste ich dies noch nicht, deswegen bitte ich Sie erneut um etwas Geduld.

Ich habe mir gedacht, dass dies Ihre nächste Frage sein würde. Nein, leider nicht. Wir gingen noch etwas essen, saßen gemütlich im Freien und genossen den lauen Sommerabend. Dann verabschiedeten wir uns voneinander.

Ob wir uns noch einmal geküsst haben? Na, Sie stellen Fragen … Es war alles ganz selbstverständlich, als ob wir es vorher genau so ausgemacht hätten, und ich kehrte ins Hotel zurück. Dort erwartete mich aber bereits die nächste Überraschung.

Ich betrat die Lobby und grüßte den Concierge.
»Gut, dass Sie hier sind«, sagte er.
»Warum?«
»Für Sie wurde ein Päckchen abgegeben.«
»Vielen Dank, Sie hätten es gern auf mein Zimmer bringen können.«
»Das wollten wir, aber wir wurden ausdrücklich darauf hingewiesen, dass wir es Ihnen nur persönlich übergeben dürfen.«
›Und er weiß natürlich nicht, wer die Person war, die das Paket abgegeben hat, und sein Kollege ist zufällig nicht erreichbar‹, dachte ich mir.
»Leider weiß ich nicht, wer …«, begann der Concierge.
»Kein Problem«, unterbrach ich ihn lachend.
Er überreichte mir eine kleine weiße schmucklose Schachtel, die mit einer blauen Kordel verschnürt war. Vorsichtig schüttelte ich das Päckchen. Es war nichts zu hören. Auch das Gewicht war gering, es schien fast nur das Eigengewicht der Schachtel zu sein.
»Vielen Dank. Gute Nacht.«
Ich ging zum Aufzug und fuhr zu meinem Zimmer im 11. Stock. Meine Zimmernummer war die 1154. ›Wieder 11 in der Quersumme, langsam wird es kitschig mit den Zufällen‹, dachte ich mir, denn dies war mir bis dahin noch gar nicht aufgefallen.
Ich betrat das Zimmer, schaltete das Licht an und sah mich zunächst um. Es gab nichts Besonderes, alles schien unverändert. Das beruhigte mich sehr. Ich machte mir mit dem Kocher Wasser warm, brühte einen Kaffee auf und setzte mich auf den Bal-

kon. Es war spät, und obwohl es ein heißer Sommertag gewesen war, wurde es bereits spürbar kühler. Ich genoss den warmen Kaffee, hörte das Rauschen des Flusses und blickte in die sternklare Nacht.

Plötzlich fühlte ich eine Präsenz. Irgendetwas oder irgendjemand war in meiner Nähe. Ich lauschte in die Nacht, konnte aber nichts hören. Der Blick vom Balkon zeigte, dass nur noch ein paar Fenster hell waren. Vorsichtig betrat ich das Zimmer, das nur von der Nachttischlampe erleuchtet wurde. Hier war nichts Auffälliges zu sehen. Mir war etwas mulmig zumute. Leise ging ich zum Bad, drückte schnell die Tür auf und machte Licht, aber auch dort war niemand. Schließlich blickte ich durch den Spion in der Zimmertür. Ich blieb noch eine Weile an der Tür stehen und lauschte. Merkwürdigerweise spürte ich diese Präsenz in der Nähe der Tür am stärksten. Ich brachte aber nicht den Mut auf, hinaus auf den Gang zu treten. Schließlich kehrte ich ins Zimmer zurück, legte mich auf das Bett und starrte an die Decke. Das Gefühl wurde immer stärker, es hatte etwas Vertrautes und war angenehm, aber gleichzeitig auch unbekannt. Deshalb fand ich die Präsenz, die ich wahrnahm, unheimlich. Plötzlich klopfte es an der Tür. Ich horchte auf, weil ich dachte, dass ich mich getäuscht hätte. Dann hörte ich das Klopfen erneut, diesmal allerdings bestimmter. Mir lief ein kalter Schauer den Rücken hinunter. Langsam erhob ich mich vom Bett und schlich möglichst lautlos zur Tür, denn ich wollte nicht, dass man bemerkte, dass ich im Zimmer war. Zunächst lauschte ich an der Tür, und in diesem Moment klopfte es zum dritten Mal. Ich erschrak, wich zurück, und es kam mir vor, als wäre ich beim Lauschen ertappt worden. Welch absurde Vorstellung! Schließlich wagte ich den Blick durch den runden Türspion – und sah sie.

Es war sie! Ohne Zweifel! Sie hatte noch das smaragdgrüne Kleid von unserem Opernbesuch an – unverkennbar. Jetzt wurde ich misstrauisch. Woher hatte sie eigentlich gewusst, in welchem Hotel ich war, als sie mir die Karten vorbeigebracht hatte? Es war weit nach Mitternacht, und nun stand sie vor meiner Zimmertür. Was würde passieren, wenn ich sie hereinließe? Ich war unsicher, spürte gleichzeitig Freude, hörte aber auch eine warnende Stimme in mir. Vielleicht war sie nicht allein, und das Ganze war ein gut geplanter Überfall. Aber was konnte man bei mir rauben oder stehlen? Warum sollte sie mich umbringen wollen? Schweiß perlte auf meiner Stirn. Schließlich wischte ich ihn mit meinem Hemdsärmel ab, holte tief Luft und öffnete die Tür.

»Störe ich?«, fragte sie mit einem unsicheren Lächeln.

»Ich weiß nicht … eigentlich nicht.«

»Kann ich hereinkommen?«

Ich öffnete die Tür so weit, dass sie eintreten konnte. Sie betrat das Zimmer und blieb etwas unbeholfen mittendrin stehen.

»Setz dich«, forderte ich sie auf und deutete auf die beiden Sessel, die an dem Glastisch standen.

»Danke.«

»Möchtest du etwas trinken?«

»Gern. Mineralwasser?«

Ich nickte, stellte eine Flasche mit zwei Gläsern auf den Tisch und setzte mich ebenfalls. Wir schwiegen.

Weil wir beide versuchten, dem Blick des anderen auszuweichen, fiel es uns nicht schwer, aneinander vorbeizuschauen.

»Wunderst du dich?«, fragte sie.

»Dass du gekommen bist? Ja und Nein.«

»Was bedeutet das?«

»Ich wundere mich, dass du weißt, in welchem Hotel ich bin, dass du mir zwei Opernkarten bringst, dass ich dich dann abends wiedertreffe und wir schließlich gemeinsam in die Oper gehen. Alles, was danach kommt, kann ich mir erklären.«

»Verstehe. Ich muss dir gestehen, dass meine Story ebenfalls ziemlich abenteuerlich ist.«

»Aha.«

»Willst du wissen, wie ich zu den Opernkarten kam?«

»Das würde mich allerdings interessieren.«

Was ich dann hörte, war eine höchst seltsame Geschichte. Noch seltsamer fand ich aber, was ich fühlte, während sie mir ihre Geschichte erzählte. Sie befand sich auf einer Reise, einer Reise zu sich selbst, und sie wusste nicht, wie sie diese beschreiben sollte. Sie hatte irgendwelche verrückten Erfahrungen gemacht, war mit ihren Ängsten konfrontiert worden und aus irgendeinem Grund in einem Hotel aufgewacht – völlig ohne Erinnerung, wie sie dort hingekommen war. Dann war sie in einen tiefen, komaähnlichen Schlaf gefallen und hatte alle Erlebnisse, die sie auf ihrer merkwürdigen Reise erlebt hatte, im Traum wiedergesehen. Sie hatte sich wieder an ihre eigene Göttlichkeit erinnert und daran, dass sie und wir alle Teile des göttlichen Bewusstseins sind und dass es im Moment darum ging, das Mitgefühl in der Welt zu fördern. »Verankern« nannte sie dies. Sie war gerade dabei, ihre Erfahrungen in das Alltagsbewusstsein zu übernehmen. Anschließend wollte sie sich, wie sie es nannte, an die Arbeit machen. Sie wusste aber auch noch nicht, welche Arbeit das war. Die Arbeit war, Mitgefühl zu leben, zu sein und zu ermöglichen. Sie wusste nicht, wie sie es nennen sollte, aber eigentlich war dies auch egal.

Ich saß mitten in der Nacht in einem Hotelzimmer mit einer Frau, die ich bis dahin noch nie gesehen hatte, und sie erzählte mir eine Geschichte, die ich eigentlich hätte völlig absurd finden müssen. Aber das Einzige, was ich daran absurd fand, war, dass mir alles bekannt vorkam. Mit jedem ihrer Sätze wurden mehr und mehr Erinnerungen in mir wach, und in Windeseile setzten sich die Puzzleteile zusammen. Plötzlich ergab alles, was ich erlebt hatte, Sinn. Ich erinnerte mich.

»Und die Opernkarten?«, fragte ich schließlich. Inzwischen war die Beklemmung aus unserem Gespräch gewichen, und wir unterhielten uns wie alte Bekannte.

»Die Opernkarten«, antwortete sie, »sind eine Geschichte für sich: Ich war gerade in dem Zimmer aus meinem tiefen Erinnerungsschlaf erwacht, als es an der Tür klopfte. Davor stand eine Frau, die ich vorher nie gesehen hatte. Sie trug die Kleidung des Hotelpersonals, daher nahm ich an, dass sie eine Angestellte des Hauses war. Sie fragte, ob sie eintreten dürfe. Gern bat ich sie herein. In der Hand hielt sie ein Kuvert, das sie mir reichte. Sie sagte mir deinen Namen, dein Hotel und dass ich dir die Karten bringen solle. Ich fragte sie, woran ich dich erkennen würde. Sie antwortete, ich solle nur vertrauen. Und so war es auch. Du kamst in die Lobby, und ich erkannte dich sofort.«

»Aber du hattest mich doch vorher noch nie gesehen.«

»Nicht in der dreidimensionalen Welt, vermutlich.«

»Das stimmt. Gut. Hat sie dir noch etwas gesagt?«

»Ich sollte dir die beiden Karten geben und abends ebenfalls zur Oper kommen. Wenn du mich dort fragen würdest, ob ich mitkäme, sollte ich dies tun und dir Grüße von ihr ausrichten.«

»Woher wusstest du ihren Namen?«

»Sie trug ein Namensschild. Emeralda. Natürlich hatte ich gehofft, dass wir beide gemeinsam gehen würden.«

»Das ist doch alles sehr merkwürdig. Du hattest mir beide Karten gegeben. Ich wusste aber nicht, für wen die zweite hätte sein können. Warum hast du mich denn nicht im Hotel gefragt, ob ich dich mitnehmen würde?«

»Ich weiß es nicht. Aber anscheinend war es genau richtig so. Wir sollten uns nicht verabreden, sondern uns begegnen.«

»Und beide haben wir dennoch gehofft, dass wir gemeinsam gehen würden.«

»Wahrscheinlich hat es deswegen auch funktioniert.«

»Vermutlich hast du damit recht.«

Es schien alles gesagt zu sein, und wir schwiegen. Dann blickte ich in ihre smaragdgrünen Augen und empfand ein tiefes Gefühl aus Vertrauen und Mitgefühl.

»Wer bist du wirklich?«, fragte ich.

»Ich bin du.«

Das kam mir vertraut vor, auch wenn ich es nicht verstand.

»Und du bist ich«, fügte sie noch hinzu.

Wir schwiegen erneut.

»Beide sind wir füreinander noch nicht real«, fuhr sie fort; »noch nicht.«

Ich blickte sie fragend an.

»Unsere Aufgabe ist es, das Mitgefühl auf der Erde zu fördern. Wie auch immer das passieren soll – das wissen wir noch nicht, aber es wird sich zeigen. Doch dafür müssen wir auf jeden Fall unsere männlichen und unsere weiblichen Anteile in uns versöhnen und in Einklang bringen.«

»Aber wir kennen uns doch gar nicht und haben uns auch nicht gestritten.«

Jetzt musste sie herzhaft lachen.

»Und wie wir uns kennen! Jeder von uns ist für den anderen das Bild des Partners, den wir uns wünschen – ich für dich und du für mich.«

Was mich betraf, hatte sie recht. Als ich sie das erste Mal gesehen hatte, dachte ich, ich sei in einem Märchen, weil genau die Frau vor mir stand, die ich mir in meinen Träumen vorgestellt hatte.

Dass ich ihr offensichtlich dasselbe bedeutete, hob meine Laune. Ich musste schmunzeln.

»Wir können Mitgefühl nur leben, wenn wir die weiblichen und die männlichen Anteile in uns in Harmonie und Frieden gebracht haben und aufhören, irgendwelchen gesellschaftlichen Abziehbildern hinterherzulaufen.«

»Deswegen müssen wir uns in dieser Phase begegnen?«, fragte ich.

Sie nickte. »Später können wir uns in der dreidimensionalen Welt finden und sehen, ob wir auch auf dieser Ebene füreinander geschaffen sind. Aber wir müssen erst innerlich heilen. Das ist es, was gerade geschieht.«

Sie hatte recht. Plötzlich sah ich vier Frauen in einem Fin-de-Siècle-Saal vor mir stehen. Wie in einem Film liefen Szenen meiner Beziehungen vor meinen Augen ab. Ich konnte mir diesen »Film« jedoch voller Liebe und Dankbarkeit ansehen und spürte keinen Schmerz mehr. Darüber war ich sehr erleichtert.

»Irgendwie beeindruckend, wie das Ganze funktioniert«, sagte ich schließlich und wischte mir verstohlen ein paar Tränen aus den Augen.

Sie lächelte. »Es wird alles so unglaublich einfach sein«, sagte sie. »In dem Moment, in dem wir wieder in völligem Einklang mit unserem göttlichen Bewusstsein leben, fühlen wir uns geborgen und sicher – was auch immer passiert.«

»Glaubst du, dass wir dann keine Herausforderungen mehr in unserem Leben haben, weil sich alles von selbst löst?«

»Nein, ganz im Gegenteil. Es werden mehr Herausforderungen kommen, aber sie werden uns nicht mehr belasten. Da wir in der Dualität leben, können wir Mitgefühl vor allem durch die Überwindung von Herausforderungen erzeugen.«

»Das klingt paradox.«

»Ist es aber nicht.«

»Vermutlich hast du schon wieder recht. Ich bin gespannt, was auf mich zukommt.«

»Ich werde jetzt gehen«, sagte sie und erhob sich.

›Schade‹, dachte ich und stand ebenfalls auf. Ich fühlte mich etwas unbeholfen.

»Noch sind wir nicht so weit. Wir müssen beide erst die Rückkehr von unserer Reise abschließen und unsere neuen Erfahrungen in die Alltagswelt integrieren. Es wartet genug Arbeit auf uns.«

»Kannst du Gedanken lesen? Woher weißt du, dass es mir lieber wäre, wenn du hier übernachten würdest?«, fragte ich etwas amüsiert.

»Glaubst du, mir geht es anders? Ich würde jetzt auch lieber hierbleiben.«

Nun, das war immerhin eine gute Aussicht. »Du hast recht. Wir sollen Geduld lernen und Schritt für Schritt unsere Arbeit machen.«

Noch einmal blickten wir uns in die Augen, dann begleitete ich sie zur Tür. Wir umarmten uns kurz, und sie verließ das Zimmer. Ich blickte ihr nach, während sie auf dem Flur zum Lift ging, ohne sich noch einmal umzudrehen. Zum ersten Mal fühlte ich keinen Verlust oder die Angst, allein zu sein, und ich spürte, dass ich geheilt war.

›Ich bin bereit‹, dachte ich mir und musste über mich selbst lachen. Dann hängte ich das Schild »Bitte nicht stören« außen an die Tür. Ich ging ins Bad, putzte mir die Zähne, wusch mein Gesicht, sah mich im Spiegel an und begrüßte mich in meinem neuen Leben. Ich löschte die Lichter und ging zum Bett. Dabei fiel mein Blick auf das Päckchen auf dem Nachttisch. Das hatte ich völlig vergessen. Ich löste die Knoten der blauen Schnur und öffnete es. Zunächst fand ich nichts außer weichem weißem Papier. Dann fühlte ich etwas Hartes und entdeckte einen Ring. Ich hatte keine Ahnung, warum mir dieser Ring gebracht worden war und welche Bedeutung er hatte. Aber die Ereignisse des heutigen Tages hatten mir mehr als einmal bewiesen, dass alles einem göttlichen Plan, meinem göttlichen Plan folgte. Ich nahm den Ring aus der Schachtel und steckte ihn an den Ringfinger meiner linken Hand. Er war passgenau für mich angefertigt.

Zufrieden und glücklich legte ich mich ins Bett, knipste die Lampe aus und fiel sofort in einen tiefen, komaähnlichen Schlaf. In dieser Nacht begann für mich ein neues Leben. Auch wenn ich äußerlich höchstwahrscheinlich zunächst das gleiche Alltagsleben führte, war ich innerlich doch ein anderer geworden. Ich wusste, dass sich die Reise gelohnt hatte. Die Erfüllung meines Auftrags konnte beginnen.

Kapitel XIV

Wer die unbekannte Schöne war? Sie sind ganz schön hartnäckig. Ja, ich verstehe, dass Sie dies brennend interessiert. Bis zu diesem Zeitpunkt hatte ich aber noch nicht durchschaut, wer sie war. Ob ich sie in der Realität dann auch getroffen habe? Nun, das, was ich Ihnen erzähle, geschah in der Realität. Sie meinen in der Dreidimensionalität. Nein, diese Unterscheidung ist nicht pedantisch, sondern sehr wichtig. Was wir normalerweise als Realität bezeichnen, ist die dreidimensionale Welt. Ich würde jedoch sagen, dass diese nur ein kleiner Ausschnitt der Realität ist.

Daher war die Zeit im Hotel so wichtig, denn irgendwie musste ich ja wieder in meiner Realität ankommen. Was dann geschehen ist? Ähnlich wie die schöne Unbekannte – ich nenne sie jetzt einfach so – fiel ich in tiefen Schlaf. Als ich am nächsten Morgen aufwachte, war die Erinnerung auf allen Ebenen, energetisch, emotional und auch als abrufbares Wissen und erlebte Erfahrung in mir integriert. Ich spürte dies plötzlich, und es war eine wirkliche, reale Erfahrung. Ich kann Ihnen das nicht besser erklären, aber ich bin mir sicher, Sie werden in nicht allzu ferner Zeit auch an diesen Punkt kommen.

Der Ring hat zur Integration des Wissens wesentlich beigetragen. Es war, als ob mir dadurch eine besondere Kraft übertragen worden war. Ich weiß, es interessiert meine Zuhörer immer am meisten, was aus der Frau beziehungsweise was aus uns geworden ist. Menschen lieben Romantik, sogar Männer, sie geben es nur nicht zu. Sehen Sie, ich habe Sie ertappt! Ich kann Ihnen das noch nicht erzählen, denn dann würde ich vorgreifen. Zu diesem Zeitpunkt waren wir zwar innerlich ein Teil voneinander, denn es ging um die Ausbalancierung des männlichen und des weiblichen Anteils bei ihr und bei mir. Ja, ich weiß, das ist schwer zu verstehen. Aber ich verspreche Ihnen, dass es noch sehr spannend wird. Schließlich kam alles ganz anders, als ich es mir vorgestellt hatte. Was ich mir ausgemalt hatte? Gute Frage. Nun, dass mein Leben so weitergeht wie bisher, ich meine berufliche Routine habe, sich privat alles zu meinem Besten regelt und das Leben einfacher ist, weil ich ja schließlich mit dem göttlichen Bewusstsein verbunden bin. Da hatte ich mich aber sehr geirrt. Richtig war, dass sich die Herausforderungen meines Lebens leichter lösen ließen. Aber das erkannte ich erst nach und nach, als ich bemerkte, welche Dimensionen mein Auftrag hatte.

Sie nennen es »Operation Mitgefühl«, das ist gut, klingt mir aber zu militärisch und kriegerisch. Deswegen finde ich den Begriff »M-Projekt« für »Mitgefühl-Projekt« passender.

Aber jetzt weiter, der Reihe nach. Ich erwachte im Hotel. Das Erste, was ich wahrnahm, war der Ring an meiner linken Hand. Ich blieb noch eine Weile liegen und ließ die Erinnerungen nach und nach in mir wirken. Jetzt hatte ich die Erinnerung an alles wieder, was ich Ihnen bisher erzählt habe.

Es ging mir gut, ich fühlte mich frisch und ausgeschlafen, obwohl ich eigentlich nicht besonders lang geschlafen hatte. Das werden Sie übrigens auch feststellen. Je länger Sie mit dem göttlichen Bewusstsein verbunden sind, desto weniger Schlaf benötigen Sie. Es wird immer wieder einmal Ruhephasen geben, die der Körper benötigt. In diesen Zeiten werden Sie viel schlafen, aber im Großen und Ganzen werden Sie mit weniger Schlaf auskommen. Das ist auch notwendig bei der Vielzahl der Aufgaben, die auf sie zukommen werden. Lachen Sie nicht! Jetzt können Sie sich noch nicht vorstellen, was die Arbeit am M-Projekt bedeutet. Sie werden sich noch an meine Worte erinnern. Aber ich kann Sie trösten, es ist eine erfüllende Arbeit.

Ich stand auf, duschte, machte mich fertig und ging frühstücken. Zunächst fiel mir auf, dass ich kein Interesse mehr daran hatte, die Zeitung zu lesen. Früher tat ich das sehr ausführlich und nahm mir insbesondere in Hotels Zeit dafür. Als Nächstes veränderten sich meine Essgewohnheiten. Ich nahm leichtere Kost zu mir und aß weniger. Manchmal dachte ich mir noch, dass die Nahrung nicht ausreichte, und ich aß weiter, obwohl mir mein Körper und meine Intuition signalisierten, dass es genug war. Die Quittung kam prompt, und ich fühlte mich wie mit Bleisäcken beschwert. Außerdem hörte ich auf, Alkohol zu trinken. Das stellte ich aber nicht selbst fest, sondern es fiel mir erst auf, als ich von Freunden darauf angesprochen wurde. Überhaupt kam eigentlich alles von selbst – auch die Herausforderungen.

Es ist zunächst so, als ob Sie plötzlich einen Beruf mehr hätten. Das ändert sich erst im Laufe der Zeit. Unmittelbar nach der Reise aber haben Sie zwei Jobs. Sie müssen Geld verdienen, und gleichzeitig wirft Sie das M-Projekt ständig in Situationen hinein, in denen Sie Mitgefühl üben und praktizieren müssen. Das ist ziemlich anstrengend.

Was Mitgefühl eigentlich ist? Endlich, auf diese Frage habe ich lange gewartet. Warum ich das nicht von selbst erkläre? Weil dies nicht sinnvoll ist. Über dieses Thema kann ich erst sprechen, wenn die innere Bereitschaft meines Zuhörers vorhanden ist. Der richtige Zeitpunkt ist nicht dann, wenn ich es meine. Denken Sie daran, Teil meines Auftrages ist es, nicht zu missionieren. Ich will niemanden überzeugen. Nein, auch Sie nicht. Das Einzige, was ich möchte, ist, Menschen von meiner Reise zur Erinnerung an das göttliche Bewusstsein zu erzählen – wenn diese es wünschen.

Woran ich dies erkenne? Nun, wir sprechen immer noch miteinander. Wenn ich einen Vortrag oder ein Seminar anbiete, kommen die Menschen dorthin, weil sie das Thema interessiert. Ob Vorträge halten und Seminare geben mein Beruf ist? Na ja, sagen wir zum Teil. Aber damit habe ich jetzt schon fast zu viel verraten.

Noch einmal zurück zu Ihrer Frage. Was Mitgefühl ist, kann ich Ihnen nicht sagen. Warum? Weil Mitgefühl für jeden etwas anderes bedeutet und jeder seinen eigenen Weg finden muss. Sonst hätten wir ja wieder eine Religion mit Regeln und Vorschriften. Die Zeit, in der wir leben, bedeutet Freiheit und Selbstverantwortung. Die Welt, in der Politik, Medien, Gesellschaft und Religionen vorgeben, wie die Menschen zu denken, zu fühlen und zu wählen haben, wird bald nicht mehr funktionieren. Wir stehen am Übergang von der Fremdbestimmung zur Selbstverantwortung. Deswegen kann ich Ihnen nur sagen, was Mitgefühl für mich bedeutet.

Ich treffe eine Unterscheidung zwischen Mitleid und Mitgefühl. Sie sehen, in dem einen Wort ist der Begriff »Leid« enthalten. Das ist nicht der richtige Weg. Niemandem ist durch Mit-Leiden geholfen. Was verändert sich denn dadurch? Mit-Gefühl bedeutet, dass ich mich emotional mit einem Lebewesen verbinde, aber dabei die notwendige Distanz behalte.

Ja, ich weiß, das ist eine Wanderung auf einem schmalen Grat. Solange ich meiner göttlichen Führung und meiner inneren Stimme vertraue, läuft alles richtig. Wenn ich aber meinem Ego folge, endet dies meist verheerend. Wir sind immer noch in der Dualität, sie ist auch nach der Reise zur Erinnerung nicht aufgehoben. Denn gleichzeitig ist die Dualität auch der Schlüssel zum Mitgefühl.

Jetzt kommen wir zu dem Punkt, an dem alles zusammenläuft. Die Dualität wurde erschaffen, damit wir gemeinsam als Teile des göttlichen Bewusstseins wachsen können. Gott will wachsen. Wir sind alle Teile Gottes. Mitgefühl bedeutet, Situationen von der höheren Ebene des göttlichen Plans einzuschätzen. Kriege sind Teile der Dualität. Wir Menschen lassen sie zu und führen sie aus freiem Willen. Auf der dreidimensionalen Ebene müssen wir reagieren und Frieden auf der Welt schaffen. Natürlich ist es notwendig, Menschen für etwas zur Verantwortung zu ziehen. Aber wenn wir ihr Verhalten von der höheren Ebene aus betrachten, wissen wir, dass auch diese Menschen nur ihrem Plan folgen.

Ja, ich weiß, das ist ein heißes Eisen. Ich erkläre es Ihnen an einem Beispiel. Stellen Sie sich den Dreh eines Films vor, zum Beispiel von einem Krimi oder Thriller. Es geht um ein Verbrechen, die Täter werden gesucht, gefunden und bestraft. Nach den Dreharbeiten werden die Schauspieler nicht verhaftet und vor Gericht gestellt, sondern für ihre Arbeit bezahlt und gelobt. Unsere Realität ist vergleichbar mit dem Dreh eines solchen Films. In der dreidimensionalen Welt spielen wir eine selbst gewählte Rolle mit allen dazugehörigen Konsequenzen, aber im interdimensionalen Bewusstsein werden wir als Teil Gottes angesehen. Mitgefühl bedeutet für mich, klar Stellung zu beziehen, aber auch anzuerkennen, welche Größe dahintersteht, unterschiedliche Rollen, wie die eines Verbrechers, Mörders oder Lügners – um nur ein paar Beispiele zu nennen –, in der Dreidimensionalität zu übernehmen. Verbrecher müssen für ihre Handlungen zur Verantwortung gezogen werden, doch sind auch sie als »Schauspieler« Teil des göttlichen Plans und des göttlichen Bewusstseins.

Starker Tobak, sagen Sie. Das stimmt. Eine sehr bekannte amerikanische Schauspielerin hat übrigens für eine Rolle dieser Art den Oscar bekommen. Unser Leben auf der Erde ist tatsächlich wie beim Film. Nur einen großen Unterschied gibt es: Das Drehbuch ist nicht vorgeschrieben. Wir alle, wirklich alle, schreiben täglich daran mit und entscheiden, wie der Film weitergeht: Hass oder Liebe? Das ist die entscheidende Frage. Der Rest ist nicht Schweigen, sondern Mitgefühl. Zugegeben, das war jetzt etwas ironisch, aber ich weiß ja, Sie kennen die Klassiker.

Das ist wirklich eine interessante Bemerkung. Sie meinen, wir machen dort weiter, wo Shakespeares *Hamlet* endet. Der Rest ist eben nicht Schweigen.

Sie müssen übrigens nicht meiner Meinung sein. Ich weiß, dass dies wirklich komplexe und durchaus strittige Gedanken und Zusammenhänge sind. Aber jetzt verstehen Sie bestimmt, warum ich über Mitgefühl erst spreche, wenn ich danach gefragt werde.

Lassen Sie uns das Thema wechseln, denn es gibt noch genug andere Ereignisse, von denen ich Ihnen berichten möchte. Wir werden auf dieses Thema noch einmal zurückkommen, denn ich sollte noch in extremer Weise damit konfrontiert werden. Jetzt aber der Reihe nach.

Ich frühstückte im Hotel, und weil ich ja einen Late-Check-out vereinbart hatte, konnte ich mir anschließend noch etwas Zeit zum Ausruhen nehmen.

Als ich meinen Koffer packte, fiel mir mein Terminkalender in die Hände. Und wissen Sie was? Genau, Sie haben es erraten! Alle meine Termine waren wieder vorhanden, kein Eintrag fehlte, und ich hatte wieder einen perfekten Überblick über mein Leben. Damit war mir klar, dass meine Reise zur Erinnerung in der – nennen wir es »normalen« – Welt weitergehen würde.

Am frühen Nachmittag fuhr ich nach Hause, und dann war alles wie immer. Ich ging meinem Beruf nach und führte mein Leben, wie ich es vor der Reise auch getan hatte. Äußerlich hatte sich nicht viel verändert. Aber innerlich fand eine Revolution statt. Die wichtigste Fähigkeit, die ich erlernen musste, war, mit meinen Emotionen umzugehen und Menschen nicht mehr zu beurteilen oder ihnen gegenüber negative Gedanken zu haben. Tat ich dies, bekam ich sofort die Quittung dafür, denn alles manifestierte sich in unglaublicher Geschwindigkeit – im Guten wie im Bösen. Wenn ich Aufträge brauchte, kamen sie, wenn ich wütend, ärgerlich oder neidisch auf andere war und über mein Leben klagte, stockte alles – und zwar sofort. Wenn meine Gedanken und Manifestationen eine positive Wirkung hatten, war alles wunderbar, aber andernfalls, das kann ich Ihnen versichern, war es nicht lustig.

Meine nächste wichtige Lernaufgabe war, den Kontakt zum göttlichen Bewusstsein kontinuierlich zu halten und mich nicht von den Lockungen der Dualität mitreißen zu lassen. Ich kann Ihnen versichern, das funktionierte bald sehr gut, und allmählich bekam ich das Gefühl, dass sich eine Routine einstellte. Aber das sollte sich schnell ändern, als ich eines Tages für eine Geschäftsreise ins Ausland flog. Ich wurde mit Ereignissen konfrontiert, die mich wirklich auf die Probe stellten.

»Meine Damen und Herren, wir haben unsere Reiseflughöhe verlassen und befinden uns im Landeanflug. Bitte schalten Sie Ihre elektronischen Geräte aus, und stellen Sie Ihre Sitze in die aufrechte Position.«

Eine halbe Stunde nach dieser Durchsage betrat ich den Ankunftsbereich des Flughafens. Da ich nur einen Tag unterwegs war, hatte ich kein Gepäck bei mir. Ich versuchte, mich zu orientieren, und hielt Ausschau nach dem Schild, das mir die Richtung zum Taxistand wies. Schließlich entdeckte ich es und ging in die angegebene Richtung. Ich landete in einem Verbindungsgang und zweifelte daran, ob ich wirklich richtig war. Aber dann sah ich ein weiteres Hinweisschild und ging weiter.

Plötzlich hörte ich einen ohrenbetäubenden Knall und spürte eine Druckwelle, die mich auf den Boden warf. Von oben fielen Gegenstände auf mich herab. Menschen rannten schreiend an mir vorbei, manche traten auf mich, einigen stolperten. Ich hob den Kopf und sah eine unglaubliche Verwüstung. Sofort wurde mir klar, dass etwas Schreckliches passiert sein musste, und ich rappelte mich auf. Meine Tasche lag vor mir, ich griff sie und rannte los. Schnell stieß ich auf einen Pulk Menschen, offensichtlich war weiter vorn ein Engpass, oder wir waren alle in einer Sackgasse gelandet. Von hinten strömten immer mehr Menschen hinzu, und ich bekam Angst, in der Menschenmasse eingeschlossen zu werden. Vorsichtig ging ich zurück. Dabei drückte ich mich möglichst dicht an die Wand.

Plötzlich fiel ich rückwärts. Ich hatte mich gegen eine Tür gelehnt, die sich geöffnet hatte, und dabei das Gleichgewicht verloren. Im letzten Moment konnte ich mich noch am Türrahmen festhalten und so einen Sturz verhindern. Ich drehte mich um und erstarrte. Sie stand vor mir, in schwarzem Businesskostüm und High Heels – die Frau aus dem Hotel!

»Komm, hier herein!«, rief sie aufgeregt.

»Was machst du denn hier?«, fragte ich völlig entgeistert.

»Keine Ahnung! Aber wir müssen weg.«

Hinter der Tür befand sich ein weiterer Gang, der nicht beschädigt war, und sie lief los. Ich dachte nur: ›Wie kann sie denn mit diesen Schuhen rennen?‹

»Das kannst du mich später fragen«, schrie sie, »wie du siehst kann ich mit diesen Schuhen rennen!«

»Gedanken lesen kannst du wohl auch«, rief ich ihr hinterher.

»Das kannst du auch, du weißt es nur noch nicht. Los, komm jetzt endlich!«

Ich lief hinter ihr her. Wir erreichten eine weitere Tür, über der ein Schild »Notausgang« angebracht war. Wir befanden uns in einem Fluchtgang, merkwürdigerweise war sonst niemand darin unterwegs. Die Tür ließ sich öffnen, und wir standen vor einer Treppe. Ein beleuchteter Pfeil wies nach oben. Wir liefen einige Stufen hinauf und erreichten ziemlich außer Atem eine Stahltür. Auch diese ließ sich problemlos aufmachen. Wir gelangten ins Freie auf eine Plattform, von der eine Fluchttreppe nach unten zu einem Parkplatz führte. Von Weitem hörten wir Sirenengeheul, konnten aber keine Rettungsfahrzeuge sehen. Offensichtlich waren wir auf der anderen Seite des Flughafengebäudes.

»Warum bist du hier und weißt nicht warum?«, fragte ich sie atemlos.

»Später!« Sie zog ihre Schuhe aus, um sich in den Gitterstufen der Treppe nicht mit ihren Absätzen zu verhaken. Mit den Schuhen in der Hand lief sie hinunter. Irgendwie war das eine absurde Situation. Hier war offensichtlich ein großes Unglück geschehen, ich aber war ohne Blessuren davongekommen und traf dann ausgerechnet sie. Eigentlich hatte sie ja mich getroffen. Die Zusammenhänge verstand ich aber trotzdem nicht.

Inzwischen stand sie auf dem Parkplatz, hatte die Schuhe wieder angezogen und winkte ungeduldig. Ich lief die Treppe hinunter, und als ich unten angekommen war, rannte sie wortlos weiter.

»Wo laufen wir hin?«, fragte ich.

»Ich weiß es nicht.«

»Kennst du dich hier aus?«

»Nein«, sagte sie und lief weiter.

Wir gelangten an eine Straße, von Weitem hörten wir erneut Sirenengeheul. Als wir uns umblickten, sahen wir, dass aus der Mitte des Flughafengebäudes eine schwarze Rauchwolke aufstieg.

»Glück gehabt«, seufzte ich. Nach dem ersten Schock spürte ich Entsetzen und gleichzeitig Erleichterung.

»Allerdings. Los, wir müssen weiter. Wir brauchen ein Taxi.«

»Wohin?«, fragte ich überrascht.

»Da entlang!«

Wir erreichten eine Straßenkreuzung mit Ampeln. Der Verkehr stockte, vermutlich wegen der Absperrungen für die Rettungskräfte.

Sie bog links in eine Straße ab, ich lief hinterher, und kurz darauf sahen wir ein Taxi. Sie winkte, und der Fahrer signalisierte uns, dass wir einsteigen könnten. Wir ließen uns auf die Rückbank fallen. Der Fahrer blickte uns im Rückspiegel an.

»Wissen Sie, was da passiert ist?«, fragte ich ihn.

»Eine Explosion. Mehr ist noch nicht bekannt. Bestimmt wieder so ein extremistischer Anschlag …«

»Fahren Sie uns bitte ins Hotel«, unterbrach sie ihn.

»In welches möchten Sie denn?«

Ich blickte sie ratlos an, doch sie nannte ihm einen Namen und die Straße.

»Da haben Sie aber Glück«, meinte der Taxifahrer. »Das liegt genau auf der anderen Seite der Stadt. Wir müssen nicht am Flughafen vorbei, da ist jetzt alles gesperrt.«

»So ein Glück, wirklich.« Fassungslos schüttelte ich den Kopf. Den Rest der Fahrt schwiegen wir. Kurze Zeit später erreichten wir auch schon das Hotel. Ich hatte keine Ahnung, in welchem Teil der Stadt wir uns befanden. Sie bezahlte, ließ sich eine Quittung ausstellen, und wir stiegen aus. Schnell fuhr der Taxifahrer wieder los, denn jetzt wurden Taxis gebraucht, und er sah seine Chance auf guten Umsatz.

Beide standen wir vor dem Hotel.

»Was ist hier los?«, fragte ich.

»Ich weiß es nicht. Am Flughafen ist etwas passiert, und wir stehen jetzt vor diesem Hotel. Wir gehen jetzt hinein und mieten uns ein Zimmer für eine Nacht.«

»Ein Zimmer für uns?«

»Möchtest du ein eigenes? Dann eben zwei.«

»Lieber nicht.«

»Na also.«

Sie ging durch die Drehtür zur Rezeption und fragte, ob ein Doppelzimmer für eine Nacht frei sei.

»Mit Einzelbetten oder einem Doppelbett?«, fragte der Mann an der Rezeption höflich.

Ich sah sie verlegen an.

»Doppelbett«, sagte sie ohne zu zögern und lächelte mich aufmunternd an.

»Ich verstehe ... Gern. Bitte füllen Sie dieses Formular aus, und eine Kreditkarte benötige ich noch.«

Sie erledigte schnell die Formalitäten und bekam eine Schlüsselkarte ausgehändigt.

»Dürfen wir Ihnen noch beim Gepäck helfen?«

»Danke, aber wir haben keins.«

»Verstehe. Dann wünsche ich Ihnen einen schönen Aufenthalt bei uns.«

Wir gingen zum Aufzug. Ich war völlig entgeistert.

»Er denkt jetzt, du hast mich auf der Straße aufgerissen und wir verbringen ein Schäferstündchen im Hotel. Ist dir das nicht peinlich?«

»Ich weiß doch, dass es nicht so ist. Warum sollte es mir peinlich sein? Vielleicht hat er noch keine Nachrichten gesehen und weiß noch nicht, was geschehen ist. Außerdem ist das doch im Moment wirklich unwichtig. Es kommt darauf an, unabhängig von der Meinung anderer zu sein.«

Inzwischen waren wir im Hotelzimmer angelangt. Es war das typische Zimmer eines Businesshotels der gehobenen Klasse: geräumig, mit Arbeitsplatz und Flachbildfernseher. Ich suchte die Fernbedienung und wollte den Fernseher anschalten.

»Bitte nicht«, sagte sie.

»Interessiert dich nicht, was los ist?«

»Nein.«

»Aha.«

»Wir sind nicht zum Fernsehen hier.«

»Wozu dann?«

»Das weiß ich auch noch nicht. Genauso wenig wie du, vermute ich.«

»Stimmt. Kannst du mir bitte einmal sagen, was du weißt? Warum bist du hier? Ich verstehe ehrlich gesagt nicht wirklich irgendetwas, außer dass wir beide offensichtlich großes Glück hatten.«

»Gute Idee. Ich verschwinde noch schnell im Bad, dann erzähle ich dir, warum ich hier bin.«

Sie kam aus dem Bad. Den Blazer hatte sie in den Schrank gehängt, die Schuhe lagen auf dem Boden. Barfuß, in Rock und Bluse kam sie auf mich zu. Sie sah bezaubernd aus. Sie füllte den Wasserkocher, der auf der Minibar stand, und fragte: »Möchtest du Tee oder Kaffee?«

»Tee, bitte.«

Kurz darauf brachte sie zwei dampfende Tassen, und wir setzten uns aufs Bett.

»Was möchtest du wissen?«, fragte sie.

»Warum du hier bist, mich am Flughafen gefunden hast und wir zielstrebig in diesem Hotel gelandet sind. Hast du das alles geplant?«

»Ich nicht, aber vielleicht haben wir etwas geplant?«

»Das verstehe ich nicht.«

»Abwarten. Das letzte Mal, als wir uns gesehen hatten, waren wir beide in der Integrationsphase. Es war keine Begegnung in der dreidimensionalen Welt möglich, weil es um etwas anderes ging. Aber ich habe die Absicht ausgesendet, dass ich dich wiedersehen und dich besser kennenlernen möchte.«

Ertappt.

»Wie nett, dass du rot wirst.«

Ich fand das gar nicht nett. Nett!

»Vor zwei Tagen«, fuhr sie fort, »erhielt ich die Information, dass ich für heute Vormittag einen Flug hierher buchen sollte.«

»Von wem hast du die Information bekommen? War das ein Auftrag?«

»Kein geschäftlicher wie bei dir. Zumindest vermute ich, dass du beruflich hier bist. Du weißt, wie es ist, wenn man mit dem göttlichen Bewusstsein verbunden ist. Die Botschaft war plötzlich da.«

»Das stimmt, das ist bei mir auch so. Manchmal finde ich es faszinierend, manchmal auch merkwürdig, wenn ich bestimmte Dinge tun soll, ohne zu wissen oder zu verstehen, warum.«

»Genau, das ist der Punkt. Wir müssen bedingungsloses Vertrauen lernen.«

»Ja, ja, gar nicht so einfach.«

Sie lächelte. »Ich bin noch nie zuvor hier gewesen und wusste nicht, was ich hier sollte. Aber ich buchte den Flug. Mein Rückflug geht heute Abend, und deshalb reise ich nur mit Handgepäck.«

»Interessant. Genauso ist es bei mir, allerdings habe ich berufliche Termine hier.«

»Der Flug war pünktlich, eher sogar etwas zu früh, und so kam ich zügig in die Ankunftshalle. Ich wusste immer noch nicht, was ich hier sollte, aber ich vertraute meinem Gefühl. Schließlich stand ich ratlos und allein in der Halle und wusste nicht weiter. Dann fiel mein Blick auf eine Tür, den Notausgang, und ich spürte, dass ich durch diese Tür gehen musste. ›Nein, das kann nicht sein. Dabei löse ich irgendeinen Alarm aus und bekomme großen Ärger‹, dachte ich mir. Aber das Gefühl wurde immer stärker. Ich hatte aber dennoch nicht den Mut, durch diese Tür zu gehen. Allerdings beschloss ich, mich unauffällig in die Nähe zu begeben und sie genauer zu betrachten, in der Hoffnung, irgendeinen Hinweis zu finden. Ich stand unschlüssig an der Tür und zweifelte, obwohl mein Gefühl ganz klar und deutlich war. Normalerweise bin ich mir bei so etwas mittlerweile ziemlich sicher, aber dieses Mal stand mir einfach mein Verstand im Weg.«

»Schon verrückt, welche Gedanken kommen, wenn das Ego am Werk ist«, sagte ich, »ich kenne das auch, und es ist wohl die größte Herausforderung, zwischen Ego und göttlicher Führung zu unterscheiden.«

»Da hast du recht. Ich habe wirklich Glück gehabt, denn beinahe wäre ich nicht mehr hier.«

Erschrocken sah ich sie an.

»Plötzlich hörte ich eine Stimme laut sagen: ›Gehe jetzt sofort durch diese Tür!‹ In diesem Moment spürte ich die Explosion. Ich erlebte alles wie im Zeitraffer: Menschen riefen um Hilfe, Dinge flogen durch die Luft, es herrschte unbeschreiblicher Lärm. Staub, Dreck und Gegenstände lagen verstreut auf dem Boden. Chaos! Gleichzeitig – ich weiß nicht, wer oder was mich dazu veranlasst hat – drückte ich auf die Klinke der Tür und wurde durch die Druckwelle der Explosion nach innen geworfen. Ich schleuderte mit dem Kopf gegen die Wand und blieb benommen am Boden liegen. Das Geschehen konnte ich aber noch aus den Augenwinkeln verfolgen. Es war schrecklich! Wieder hörte ich die Stimme, sie forderte mich auf: ›Los! Aufstehen!‹ Irgendwie gelang es mir, mich aufzurappeln. ›Rechts‹, befahl die Stimme. ›Lauf!‹ Ich lief, und wie ich lief! Plötzlich hörte ich: ›Halt!‹ Ich war mitten in einem langen Gang, und rechts an der Wand war eine Tür. ›Öffne die Tür!‹ Diesmal zögerte ich nicht, und schon kamst du mir entgegengeflogen. Den Rest kennst du.«

Ich schwieg.

»Und woher wusstest du, wo wir das Taxi finden würden und in welches Hotel wir sollten?«

»Das hat mir alles die Stimme gesagt, immer genau zum richtigen Zeitpunkt, aber keinen Augenblick früher. Ich musste immer bis zum letzten Moment vertrauen.«

»Als ich mich fragte, wie du mit High Heels so schnell laufen kannst ... war das auch die Stimme?«

Sie nickte und musste lachen.

»Hat dir die Stimme auch gesagt, dass wir in ein Zimmer mit Doppelbett nehmen sollen?«

Sie lächelte verschmitzt.

»Nein. Das war unsere Entscheidung. Seit wir aus dem Taxi ausgestiegen sind, höre ich die Stimme nicht mehr. Offensichtlich sind wir außer Gefahr.«

»Eigentlich war es ja deine Entscheidung mit dem Zimmer.«

»O nein, mein Lieber. Ich habe dich gefragt. Wir haben gemeinsam entschieden.«

»Stimmt.«

»War das ein Fehler?«, fragte sie.

»Ich glaube nicht.«

»Was sagt dir denn dein Gefühl?«

Ich lächelte und schwieg.

Der Tee war inzwischen abgekühlt. Gemeinsam saßen wir auf dem Bett und waren nach der Aufregung dankbar für die Stille und Ruhe. Dann hatte ich plötzlich das Bedürfnis zu duschen. Wasser wirkte belebend auf mich und half mir stets dabei, meine Gedanken zu ordnen. Ich ging ins Badezimmer, zog mich aus und stellte die Wassertemperatur relativ heiß. Ich genoss den warmen Strahl auf meinem Gesicht und meinem Körper. Nach und nach drehte ich das kalte Wasser weiter auf, bis es schließlich richtig kalt war und mich erfrischte. Die Dusche hatte mir gutgetan, und ich konnte wieder klar denken. Zunächst einmal stellte ich fest, dass wir keine frische Kleidung dabeihatten. Gut, damit konnten wir sicher beide leben. Ich stand im Bad und begann, über die Situation nachzudenken, aber ich konnte mir keinen Reim darauf machen. Das Einzige, was ich als logisch denkender Mann feststellen konnte, war: Ich war mit einer Frau in einem Doppelzimmer, und wir wussten beide nicht, wie es weitergehen sollte. Trotzdem fand ich die Situation nicht unangenehm und sah mich im Spiegel lächeln. Langsam dämmerte mir, dass die Frau eigentlich gar nicht so fremd war, und ich gewann den Eindruck, dass wir uns entweder schon sehr lange oder sehr gut kannten, vielleicht auch beides. Ich zog mich an und ging zurück ins Zimmer. Sie kam mir entgegen, fragte, ob ich ihr noch warmes Wasser übrig gelassen hätte, und verschwand im Bad.

Jetzt fielen mir meine Termine wieder ein. Sicher war das Unglück schon öffentlich bekannt, und man machte sich Sorgen um mich. Ich kramte mein Handy aus der Tasche und wählte die Nummer meines Geschäftspartners. Zum Glück hatte ich darauf bestanden, dass er mich nicht abholen sollte. Ich erreichte nur seine Mailbox und hinterließ ihm eine Nachricht, dass ich in der Stadt und auch wohlauf sei. Aber ich fügte auch hinzu, dass angesichts der Situation ein Geschäftstermin vielleicht nicht angebracht sei. Gern könne er mich aber zurückrufen. In welchem Hotel ich war, sagte ich jedoch nicht. Als ich das Telefonat beendet hatte, hoffte ich nur, dass er mich nicht doch aus Höflichkeit abholen wollte. In der Zwischenzeit war sie aus dem Bad zurückgekommen und sah strahlend aus.

»Warum sollte ich vorhin den Fernseher nicht einschalten?«

»Weil solche Unglücke, Anschläge oder Attentate, was immer es war, dadurch entstehen, dass wir uns darauf fokussieren.«

Grundsätzlich stimmte ich ihr zu, aber in mir regte sich auch Widerstand. Schließlich musste man doch informiert sein. Viele unschuldige Menschen waren verletzt und manche vielleicht sogar getötet worden.

»Da hast du recht, es ist wichtig zu wissen, was auf der Welt geschieht«, sagte sie. »Aber es geht um Mitgefühl. Wenn wir uns zu sehr auf die Nachrichten konzentrieren, verstricken wir uns in der Dualität. Es ist nicht unsere Aufgabe, uns auf das Unglück zu fokussieren. Das ist die Arbeit der Rettungskräfte, der Polizei und der Feuerwehr. Unsere Aufgabe ist eine andere.«

»Aha, und welche?«

»Was ich dir sagen werde, wird paradox klingen. Willst du es wirklich wissen?«

»Jetzt erst recht«, antwortete ich trotzig.

»Solche Ereignisse geschehen, damit wir auf der Welt mehr Mitgefühl entwickeln. Sie sind unsere Lernaufgaben. Je mehr und je schneller wir Mitgefühl entwickeln, desto schneller verschwinden solche furchtbaren Vorfälle. Wenn wir uns aber stattdessen auf Hass, Feindschaft und böse Attentäter konzentrieren, verringern wir das Mitgefühl, und diese Geschehnisse nehmen zu.«

»Du meinst, Anschläge, Amokläufer, Selbstmordattentäter verschwinden, wenn wir uns auf unser Mitgefühl fokussieren?«

»Richtig, und solange wir unsere Aufmerksamkeit auf die Bilder und die Berichterstattung der Medien zu solchen Katastrophen richten, werden sie immer wieder geschehen. Bitte verstehe mich richtig. Ich verharmlose das Ganze nicht. Natürlich brauchen wir Polizei und Justiz, die sich um die Aufklärung bemühen, und Menschen, die sich um die Verletzten und deren Angehörige kümmern. Aber unsere Aufgabe ist eine andere: Zusammen mit vielen anderen sollen wir Mitgefühl auf der Erde verankern. Wir und noch viele andere sind sozusagen Mitarbeiter des M-Projektes.«

»Aber die Öffentlichkeit hat doch ein Recht darauf, informiert zu werden«, wandte ich ein.

»Ja, aber die Öffentlichkeit hat nicht die Freiheit zu entscheiden, was sie sehen möchte.«

»Ich glaube, du hast recht. Aber wie wollen wir die Erhöhung des Mitgefühls erreichen?«

»Indem wir den Fernseher ausgeschaltet lassen und uns stattdessen auf Liebe, Mitgefühl, Verzeihen und Frieden konzentrieren und darüber sprechen. Jeder von uns hat innerhalb des M-Proes eine individuelle Aufgabe. Die Reise in die Erinnerung des göttlichen Bewusstseins bildet die Grundlage dafür. Weil wir wieder in Verbindung zum Bewusstsein Gottes stehen, können wir am Mitgefühl arbeiten. Deswegen ist es wichtig, dass sich möglichst viele Menschen auf die Reise begeben und erkennen, was die Dualität ist und wie sie wirkt, und dadurch verstehen, dass wir alles aus unserer göttlichen Kraft erschaffen können.«

Sie schob die Tagesdecke zur Seite und legte sich aufs Bett. »Lass uns ein wenig schlafen. Dies ist eine gute Möglichkeit, uns mit dem göttlichen Bewusstsein zu verbinden, weil dann unser Ego nicht aktiv ist. Wir senden die Absicht aus, dass uns alles zur Verfügung gestellt wird, was wir brauchen.«

Sie schloss die Augen, und bald begann sie, tief und regelmäßig zu atmen. Vorsichtig, um sie durch meine Bewegungen nicht zu wecken, legte ich mich ebenfalls aufs Bett und war innerhalb kürzester Zeit eingeschlafen. Zunächst sah ich Splitter durch die Luft fliegen, hörte Sirenengeheul, und schwarzer Rauch stieg aus dem Flughafengebäude auf. Doch dann wurden diese Bilder Schritt für Schritt schwächer und immer kleiner. Sie rückten in den Hintergrund, bis sie völlig verschwunden waren. Ich befand mich plötzlich auf einer Sommerwiese mit herrlich blühenden Blumen und sah mich selbst unter einem Baum im Schatten liegen.

Langsam kehrte ich aus der Traumwelt zurück, wurde wach und öffnete die Augen. Allmählich wurde mir wieder klar, wo ich mich befand. An die Ereignisse des Vormittags konnte ich mich nur noch sehr vage erinnern. Stattdessen fühlte ich eine unglaubliche positive Kraft und Liebe in mir. Langsam drehte ich den Kopf zur Seite und sah, dass sie ebenfalls wach war und ruhig liegen geblieben war, um mich nicht zu stören.

»Ich hatte einen wundervollen Traum, doch kann mich an die Details nicht mehr erinnern«, sagte sie. »Aber ich fühle mich frisch und kraftvoll. Wir haben unsere Intention ausgesendet, und wir müssen vertrauen.«

Wir blieben schweigend auf dem Bett liegen.

»Weißt du«, sagte ich schließlich, »ich glaube, genau deswegen sind wir beide hier.«

»Weswegen?« Sie drehte ihren Kopf fragend zur Seite.

»Wir wurden zu diesem Ereignis geführt, damit wir erkennen, dass die Arbeit am M-Projekt unsere eigentliche Aufgabe ist. Jetzt müssen wir nur noch herausfinden, welchen konkreten Auftrag jeder von uns hat.«

Sie dachte nach.

»Ja, vermutlich hast du recht. Das ist wohl der Grund. Es ist sozusagen unser Weckruf, dass es an der Zeit ist, Schritt für Schritt unser altes Leben hinter uns zu lassen. Die Reise ist geschafft, und wir sind wieder in Verbindung mit dem göttlichen Bewusstsein getreten. Unser Aufgabe ist es jetzt, die Erinnerung daran aufrechtzuerhalten und uns an die Arbeit zu machen.«

Wieder lagen wir schweigend auf dem Bett. Dann spürte ich, wie sie sich im Bett aufsetzte, und bemerkte, dass sie mich anblickte.

»Es gibt noch einen anderen Grund«, sagte sie.

»Ach, und welchen?«

»Wir sollten uns endgültig begegnen dürfen.«

»Klingt gut …«, sagte ich etwas unsicher.

»Wir sind uns beide auf unseren Reisen in die Erinnerung immer wieder begegnet. Wir waren füreinander Bilder, die wir in unseren Wünschen erschaffen haben, um uns in der dreidimensionalen Realität treffen zu können.

Ich schluckte, denn das war sehr direkt, aber es fühlte sich richtig an. Ich sah ihr in die Augen. Dieses Smaragdgrün hatte mich auf meiner ganzen Reise begleitet.

»Dann warst du Emeralda«, fragte ich, »und gleichzeitig auch die

Frau, mit der ich in der Oper war? Aber Emeralda hat dir doch die Karten für mich gegeben. Wir geht das?«

»Du hast Emeralda durch deinen Wunsch erschaffen. Sie hat dich während deiner Reise begleitet, so, wie sie es dir von Anfang an versprochen hatte. Emeralda ist nur dein Wunsch, deine Vision von einer Frau, mit der du eine Beziehung haben möchtest. Durch deine Reise zur Erinnerung hast du deine alten Blockaden bearbeitet und dich wieder mit dem göttlichen Bewusstsein verbunden. Jetzt kann dir diese Frau in der dreidimensionalen Realität begegnen. Das heißt, dass ich endlich bei dir sein kann.«

»Wunderbar«, sagte ich etwas scherzhaft. »Das würde aber auch bedeuten, dass ich auf deiner Reise zur Erinnerung präsent war und auch du mich erschaffen hast, sodass wir uns treffen konnten.«

»Das kannst du aber glauben und wie ...« Lachend warf sie sich auf mich und umarmte mich leidenschaftlich. Dann hob sie den Kopf, und ich konnte wieder in ihre wunderbaren smaragdgrünen Augen sehen – tief wie ein Bergsee.

Ihr Mund näherte sich meinen Lippen, und wir küssten uns zärtlich.

»Willst du mit mir schlafen?«

Das hatte mich noch keine Frau gefragt, und ob ich wollte ...

Kapitel XV

omantisch finden Sie das? Kitschig? Das wird ja immer besser! Aber es war tatsächlich so. Ihnen würde so etwas nicht passieren? Sagen Sie so etwas nicht, es hängt nur davon ab, was Sie manifestieren und ob Sie es schaffen, Ihre Zweifel und Emotionen zu bearbeiten. Der Rest der Geschichte ist schnell erzählt. Sie werden sich erneut wundern.

Wir ließen uns etwas zu essen aufs Zimmer bringen. Nachmittags verließen wir das Hotel und fanden in unmittelbarer Nähe ein Einkaufszentrum. Dort konnten wir uns mit den notwendigsten Kosmetikartikeln und Wäsche zum Wechseln eindecken. Zum Glück holte mich mein Geschäftspartner nicht im Hotel ab. Die Folgen der Explosion waren längst nicht so verheerend, wie es zunächst angenommen worden war. Es gab Verletzte, aber keine Toten. Warum ich mich jetzt darauf fokussiere? Weil Sie es ja ohnehin wissen wollen und nachgefragt hätten. Sehen Sie! Mehr werde ich dazu aber nicht sagen.
Am nächsten Tag konnte ich meinen Geschäftstermin nachholen. Der Flughafen war natürlich noch immer gesperrt. Deshalb fuhren wir mit dem Zug in eine zwei Stunden entfernte Stadt. Vom dortigen Flughafen konnten wir zurückfliegen. In allerletzter Minute bekamen wir zwei Plätze und konnten gemeinsam reisen.

Das klingt alles etwas konstruiert und einfach. Da gebe ich Ihnen recht. Es war einfach. Für uns war es der Beweis, dass die Verbindung mit dem göttlichen Bewusstsein funktionierte. Denn es war wirklich für alles gesorgt: Loslassen und Vertrauen. Ich verspreche Ihnen, Ihr Leben wird plötzlich mit solchen kitschigen, konstruierten, simplen Ereignissen voll sein. Sie werden viel lachen, denn in diesen Situationen steckt oft ein unglaublicher Humor. Machen Sie sich weniger Gedanken darüber, wie etwas funktionieren könnte, öffnen Sie sich für die Kreativität des göttlichen Bewusstseins, und lassen Sie sich durch die unglaublichsten Ereignisse überraschen. Ich verspreche Ihnen, Sie werden oft an diesen Teil des Gesprächs denken.

Wie mein Leben weiterging? Nun, die unbekannte Schöne – diese Bezeichnung finde ich einfach wunderbar – und ich wurden ein Paar. Gemeinsam verbrachten wir viel Zeit damit, in Ruhe herauszufinden, welche Aufgaben wir im M-Projekt übernehmen wollten, und damit, unsere wirkliche Berufung zu finden.

Es gibt grundsätzlich verschiedene Möglichkeiten der spirituellen Arbeit. Metaphorisch lässt sich das so beschreiben: Es gibt Lotsen, Kapitäne und Leuchttürme.

Bevor wir unsere spirituelle »Karriere« starten, sollten wir herausfinden, welcher Kategorie wir uns selbst zuordnen.

Bitte entschuldigen Sie, das ging jetzt natürlich etwas zu schnell. Ich muss Ihnen erst die drei Begriffe erklären:

Ein Lotse hilft Menschen, durch schwierige Situationen hindurchzukommen. Diese Arbeit kann körperlicher, seelischer, beruflicher oder privater Natur sein. Die Arbeit des Lotsen ist die regelmäßige oder auch einmalige Arbeit mit Menschen. Das umfasst zum Beispiel Beratungen oder alle Arten von Energiearbeit.

Ein Kapitän hingegen hat die Verantwortung für ein ganzes Schiff. Das heißt im übertragenen Sinne, dass er einen großen Prozess oder einen Ablauf steuert. Die Arbeit eines Kapitäns umfasst Ausbildungen, Seminare und andere Bildungsangebote. Er bietet Weiterbildungsmöglichkeiten an und treibt die spirituelle Arbeit voran. Höchstes Ziel der Kapitäne ist es nicht, die Bordmannschaft, das wären die Seminarteilnehmer, in irgendeiner Form an sich zu binden, sondern möglichst viele Menschen auszubilden, die wiederum Angebote für Seminare und Weiterbildungen entwickeln oder als Lotsen arbeiten.

Sie sehen, unter Umständen können Sie Lotse und Kapitän gleichzeitig sein. Viele beginnen ihre spirituelle Arbeit als Lotse und werden Schritt für Schritt zum Kapitän. Die meisten beginnen als Lotsen, denn das ist die beste Möglichkeit, mit spiritueller Arbeit Geld zu verdienen. Auf diese Weise ist es möglich, sich Schritt für Schritt weitere Standbeine und eine berufliche Existenz aufzubauen.

Ja, und zuletzt kommen wir zu den Leuchttürmen. Diese vermitteln Orientierung, weisen auf Schwierigkeiten und Klippen hin und halten sozusagen in einem bestimmten Bereich die Stellung. Leuchttürme beschäftigen sich mit bestimmten Themen und bieten Orientierung und Hinweise. Leuchttürme publizieren, schreiben Bücher und nutzen andere Medien zur Kommunikation, um ihre Informationen zur Verfügung zu stellen. Jedoch – und das ist ein sehr wichtiges Merkmal des Leuchtturms – zeigen sie nur den Weg, die Entscheidung, diesen zu gehen, muss jeder selbst treffen. Leuchttürme können in die Reisen der anderen nicht eingreifen oder sie aktiv unterstützen.

Daraus hat sich bei uns übrigens eine sehr interessante Beziehungskonstellation ergeben. Meine Partnerin – wenn ich das jetzt so sagen darf – ist inzwischen ein klassischer Kapitän. Eigentlich müsste ich Kapitänin sagen, klingt aber komisch, finden Sie nicht? Sie hat innerhalb kürzester Zeit Seminarkonzepte entwickelt, mit deren Hilfe Menschen ihre spirituellen Fähigkeiten entdecken, fördern und auch weitergeben können.

Als ich begonnen habe, Schritt für Schritt meine Aufgaben innerhalb des M-Projektes herauszufinden und nach und nach zu übernehmen, habe ich als klassischer Lotse gearbeitet. Jedoch wurde mir bald klar, dass mein Lebenstraum die Arbeit des Leuchtturms ist. Genau deswegen erzähle ich Ihnen meine Geschichte. Ich leuchte eine bestimmte Strecke aus, biete Orientierung und stelle Wissen zur Verfügung. Den

Weg durch die Klippen der jeweiligen Lebenssituation muss aber jeder selbst wählen.

Jetzt vergleichen Sie einmal Kapitän und Leuchtturm. Dazwischen gibt es große Unterschiede. Der Kapitän hat stets viele Menschen um sich herum, und er bekommt natürlich, wenn sein Geschäft und seine Angebote und Ausbildungen erfolgreich sind, viel Feedback und Anerkennung dafür. An einem Leuchtturm dagegen fahren alle vorbei. So fühlte es sich zumindest anfangs an, und ich gebe gern zu, dass ich zunächst wirklich Probleme mit meinem Selbstwert hatte.

Sie sehen, die Herausforderungen und Aufgaben werden nicht weniger, wenn man am M-Projekt arbeitet. Ganz im Gegenteil. In dem Moment, in dem Sie sich bereit erklären, daran mitzuwirken, erhalten Sie Ihre täglichen Aufgaben – mal mehr, mal weniger. Es geht um Vertrauen, Selbstliebe und Mitgefühl. Das M-Projekt hebt die Dualität nicht auf – zumindest noch nicht. Bis es so weit ist, wird noch einige Zeit in der Dreidimensionalität vergehen. Wir sind und bleiben Menschen, und deswegen werden wir auch nach dieser Reise zu unserem göttlichen Bewusstsein immer wieder mit unseren Ängsten konfrontiert. Es gibt jedoch einen Unterschied. Sie können Ihre Blockaden schneller bearbeiten und auflösen. Wenn Sie dies allerdings nicht tun, fallen die Auswirkungen wesentlich gravierender aus.

Schritt für Schritt begann ich, mein Leben zu verändern. Zunächst musste ich mir überlegen, wo ich als Leuchtturm stehen wollte, mit welchem Thema ich mich besonders beschäftigen und in welchem Bereich ich Orientierung anbieten wollte. Inzwischen schreibe ich Bücher, halte Vorträge und berichte Menschen, so, wie Ihnen, meine Erlebnisse – immer vorausgesetzt, sie wollen dies.

Im Wasser, an dem mein Leuchtturm steht – das sind metaphorisch die spirituellen Themen, mit denen ich mich hauptsächlich beschäftige –, sind drei Klippen versteckt: die Verbindung mit dem göttlichen Bewusstsein und das Erkennen, was Dualität und was Mitgefühl bedeutet. Reduziert gesagt geht es um Gott, Dualität und Mitgefühl.

Da gebe ich Ihnen recht, das sind interessante Klippen, und diese Themen sind für mich persönlich eine spannende Herausforderung. Es kann aber sein, dass ich diesen Ort eines Tages verlasse und mich mit ganz anderen Themen beschäftigen werde. Natürlich arbeite ich mit Kapitänen und Lotsen zusammen. Diese Zusammenarbeit ist für mich die ideale Kombination. Auch gebe ich immer noch Seminare, bin aber kein Kapitän. In meinen Seminaren spreche ich über die Untiefen der Dualität, zeige, wo die Gefahren lauern, welche Fähigkeiten wir benötigen, um unser Mitgefühl zu entwickeln, und wie wir unseren göttlichen Anteil wiederfinden und aktivieren können.

Sehr gute Frage, mein Lieber. Ich bin begeistert und auch dankbar dafür, dass Sie so aufmerksam sind. Warum Gott eine Klippe ist? Natürlich ist Gott keine Klippe. Aber das Bild, das wir von Gott haben, ist das einer Klippe. Wir kennen nur den Gott, mit dem wir nicht direkt kommunizieren dürfen und der strafend ist. Aber wir sind Gott. Wenn Sie dies erkennen und in Ihr alltägliches Leben integrieren, umfahren Sie diese Klippe und lassen sie hinter sich.

Leichter gesagt, als getan, wie wahr, wie wahr …

Nun kennen Sie meine Geschichte. Ich reise durch die Welt, gebe Seminare, halte Lesungen und Vorträge, schreibe Bücher, habe eine wundervolle Frau und genieße mein Leben. Einige Monate des Jahres verbringe ich an einem wunderschönen Platz auf dieser Erde mitten im Pazifik. Dort komme ich zur Ruhe, schreibe Bücher und bereite meine nächsten Reisen vor. Die andere Zeit des Jahres bin ich unterwegs, spreche über meine Arbeit und möchte mit den Orientierungsmöglichkeiten, die ich zur Verfügung stelle, Menschen helfen und dienen.

Ich kann Ihnen wirklich nicht sagen, was mich dazu bewogen hat, Ihnen meine Geschichte in dieser Ausführlichkeit zu erzählen. Nein, normalerweise mache ich so etwas nicht. Aber in Ihrem Fall vertraute ich dem göttlichen Bewusstsein und folgte meinem Gefühl.

Das Happy End habe ich Ihnen noch nicht erzählt. Ja, die unbekannte Schöne und ich haben geheiratet. Wir leben in einem Haus mitten in der Natur im Herzen Europas an einem wunderschönen See. Gemeinsam verbringen wir die eine Hälfte des Jahres mit Schreiben und Arbeiten. In dieser Zeit haben wir viele Gelegenheiten, etwas miteinander zu unternehmen. Das andere halbe Jahr sind wir beide auf Reisen. Dort treffen wir uns, manchmal sind wir gemeinsam unterwegs, und oft sehen wir uns einige Wochen nicht. Aber das ist Teil unserer Arbeit am M-Projekt. Ich kann alles, was ich durch meine Erinnerung an das göttliche Bewusstsein erfahren habe, weitergeben, und dafür bin ich dankbar.

Die Reise zur Erinnerung hat sich für mich gelohnt – mehr als das!

Jetzt aber zu Ihnen. Auch unsere gemeinsame Reise neigt sich dem Ende zu. Bald gehen die Lichter in der Kabine des Flugzeugs wieder an, dann wird uns Essen serviert, und Schritt für Schritt verwandelt sich diese himmlische Ruhe in die Betriebsamkeit des Alltags.
Wir werden landen, dabei einen kurzen Ruck beim Aufsetzen des Flugzeugs verspüren und während des Bremsvorgangs in den Sitzen leicht nach vorn gedrückt werden. Anschließend rollt das Flugzeug zur Parkposition, am Gepäckband nehmen wir unsere Koffer entgegen, geben uns die Hand und verabschieden uns. Dann trennen sich unsere Wege.

Eine letzte Frage möchte ich Ihnen noch stellen:
Sind Sie bereit?

DANK

Das »M-Projekt« wurde auf Maui, auf Malta und in München geschrieben. Zufall oder kosmische Komik? Als ich an dem Buch arbeitete, war mir dies nicht bewusst. Erst später, im Rahmen der Korrekturarbeiten, habe ich mich wieder daran erinnert.

Ich möchte mich bei Gott, den Engeln und meinen geistigen Helfern für ihre Unterstützung und Führung bedanken. Die Entstehung dieses Buches ist eine Verknüpfung von Synchronizitäten, die jetzt am Ende der Arbeit ein Bild ergeben, über das ich nur staunen kann und für das ich sehr dankbar bin.

Liebe Isabelle, zehn Jahre sind vergangen, seit ich dir das erste Mal erzählt habe, dass es mein Traum ist, Bücher und Romane zu schreiben. Danke, dass du immer an mich glaubst und mich auf allen Ebenen unterstützt. Grazie, grazie, grazie!

Besonders möchte ich mich bei meiner Lektorin Barbara Rave bedanken, die mich mit viel Geduld, Umsicht und einem guten Auge für den Text begleitet hat. Ich habe viel gelernt.

Danken möchte ich meinen Leserinnen und Lesern, Seminarteilnehmern, Klienten und allen, die sich für meine Arbeit interessieren und mich unterstützen. Es ist eine große Herausforderung, sich stets aufs Neue der persönlichen Entwicklung und spirituellen Arbeit zu stellen. Ich wünsche uns allen Kraft, Mut und Vertrauen, den Weg durch die Dualität weiterzugehen.

Mahalo, Grazzi, Danke!

Über den Autor

Hubert Kölsch ist Autor, Seminarleiter und Coach. Nach Studien in Ägyptologie, Geografie und Sozialpädagogik hat er begonnen, im Bereich Erwachsenenbildung und Training zu arbeiten. Darüber hinaus hat er eine dreijährige Ausbildung in Systemischer Familientherapie und Beratung absolviert. Er arbeitet für Firmen, Mittelstandsunternehmen  und soziale Einrichtungen und bietet individuelles Coaching an.

Wichtiges Anliegen ist ihm bei seiner Arbeit, unterschiedliche Bereiche des Lebens wie Spiritualität, Wirtschaft und Kultur miteinander in Verbindung zu bringen. Er schreibt pädagogische Fachliteratur, spirituelle Bücher und Kurzgeschichten im Rahmen von Literaturwettbewerben.

Seine besondere Leidenschaft gilt der klassischen Musik, insbesondere der Oper, und dem Reisen im Flugzeug. Er lebt in München und ist für Vorträge und Seminare in Deutschland, Österreich, Italien und der Schweiz unterwegs.

Weitere Informationen unter:
www.divineconsulting.de
www.hubert-koelsch.de

Hubert Kölsch
Spirituell & erfolgreich
Praxisbuch für die Manifestation Ihres Erfolgs
ISBN 978-3-8434-1030-4
Paperback, 208 Seiten

Machen Sie Ihre Spiritualität zu Ihrem Erfolg!

Jeder Mensch trägt das Potenzial in sich, die eigene Zukunft nach seinen Wünschen und Vorstellungen erfolgreich zu gestalten und zu manifestieren. Die Herausforderung liegt darin, im Hier und Jetzt mit Vertrauen und Zuversicht an der persönlichen Entwicklung zu arbeiten.

Hubert Kölsch zeigt Ihnen in diesem Praxisbuch, wie Sie Spiritualität und Erfolg in allen Lebensbereichen miteinander verbinden und welche Veränderungen im Handeln und Denken notwendig sind, um ein spirituell erfolgreiches und erfolgreich spirituelles Leben führen zu können.
Zielgerichtete Aktionsschritte und kraftvolle Affirmationen unterstützen Sie auf dem Weg, die Lebenswirklichkeit zu erschaffen, die Sie sich erträumen.

»Ich kenne Hubert und seine fantastischen Talente und Fähigkeiten aus eigener Erfahrung.«
Dr. Wayne W. Dyer

Ho'oponopono – Die Liebe in dir

Sieben Visionen für eine bessere Welt
Musik, Konzeption und Gestaltung: Ralph Valenteano
ISBN 978-3-8434-8189-2
DVD, Laufzeit 107 Min.

Das hawaiianische Vergebungsritual
aus der Sicht namhafter Autoren!

Erfahren Sie Ho'oponopono, die wohl bedeutendste und wirkungs-
vollste Methode zur Konfliktbewältigung …
Erleben Sie Jeanne Ruland, Ulrich Emil Duprée, Susanne Hühn,
Dr. Diethard Stelzl, Isabelle von Fallois, Hubert Kölsch und Suzan H.
Wiegel – lernen Sie sieben Facetten der Vergebung, sieben Erfahrungs-
welten des hawaiianischen Rituals kennen …
Finden Sie – anhand von praktischen Beispielen und Übungen, begleitet von der Titelmusik Ralph Valenteanos – Ihren persönlichen Weg
zur allumfassenden Heilung!

»Was du in dir heilst, heilst du in der Welt.« *Jeanne Ruland*
»Vergebung ist niemals vergebens.« *Ulrich E. Duprée*
»Ho'oponopono bringt die Kraft der Selbstvergebung auf den Punkt.«
Susanne Hühn
»Heilung mit Liebe geschieht im Hier und Jetzt.« *Dr. Diethard Stelzl*
»Ho'oponopono ist eines der größten Geschenke für die heutige Zeit.«
Isabelle von Fallois
»Sei bereit, wirklich alles Notwendige zu tun, um dein Leben zu verbes-
sern!« *Hubert Kölsch*
»Wir sind in Wahrheit LIEBE.« *Suzan H. Wiegel*